いほど自分がわかる心理テスト

超深層心理測驗

中嶋眞澄
個人特質研究家

50個揭開心靈實相的潛意識測驗

PSYCHOLOGICAL TEST 50

前言

為什麼自己會有這種心情呢？
他人眼中的自己，是什麼樣子呢？
為什麼那個人會有那種反應呢？
大家到底都在想什麼？

自己與他人的內心世界，
總是存在著好像有點頭緒，又不太明白的部分。

人心看似單純，其實有其複雜的一面，
然而在複雜之處卻也意外地單純。

試著用心理測驗探尋內心世界吧！
覺得都是嚴肅的內容會很無趣，
只是有趣又有所不足的話，
這正是符合您內心期望的一本書。

和朋友一起做心理測驗能活絡氣氛，
也能將心理測驗當作更了解戀人的對話工具。
當然，若想一個人偷偷做心理測驗，
本書也能切實滿足您的需求。

那麼，讓我們馬上開始吧。

中嶋真澄

第1章

自我內心篇 發現深藏在心底的真正自我

第2章

人際關係篇

了解自己與人交往的習慣與傾向，就此省去煩惱

第3章

戀愛結婚篇 從令人在意的契合度、理想戀人到性事話題

第4章

工作篇 找出隱藏的才能與適合你的工作

第5章

未來篇 你的人生能順遂嗎？

第1章

自我內心篇

發現深藏在心底的
真正自我

TEST 1

在房間角落的玩偶嘀咕了什麼？

一個人都沒有的房間裡，放著一隻玩偶。

那隻玩偶嘀咕了一句話。

請問，你覺得它說了什麼？

A

「我為什麼會在這裡呢？」

B

「我到底是誰呢？」

C

「我接下來會怎麼樣呢？」

TEST 1

診斷

從玩偶說的話，可以得知你「活躍的能力特徵」。

玩偶代表年幼時的你，而玩偶說的話則代表年幼心靈所感受到的人生疑問。從這之中，可以了解你活躍的能力特徵。

A 選項 身體能力發達的人

你是本能且直觀的人，身體能力較為活躍。比起思考，身體會先行動，如果身體不動，腦袋會一片空白。會以體驗過的事情為基礎來判斷事物。此外，你是由於腳踏實地的個性，而給人踏實存在感的類型。

B 選項 情緒能力發達的人

你是用心靈接受事物的人，情緒能力十分發達。重視自己的情感，會用感覺判斷事物。依情況不同，對事物的看法會較偏主觀。你很重視自己內心中的形象與給人的印象，是給人溫柔優雅感的類型。

C 選項 頭腦能力發達的人

你是頭腦能力活躍的人。什麼事都傾向用頭腦思考，並用頭腦理解。善於抽象思考，是精通電腦或腦筋急轉彎等遊戲的類型。然而，因為腦內會浮現各種可能性，在下判斷時可能會花較多時間。

【解說】 在人的能力中，有「思考能力」，還有心靈感知的「情緒能力」，以及身體所具備的「基於本能直覺」的能力。在這三種能力中，每個人的配比各有不同，進而導致對事物的看法、思考方式也因人而異。

TEST 2

獨自旅行時的紀念照，你最喜歡哪一張？

獨自一人出門旅行。
在觀光勝地自拍，
也請人拍了幾張照片。

請問，你最喜歡的是哪一張？
請選一張你最喜歡的照片。

A 以自己為特寫的照片。

B 在中央把全身都拍進去的照片。

C 把自己拍得較小的照片。

D 沒有拍自己，只有風景的照片。

TEST 2

診斷

透過選出的旅遊照片，可以知道你「**基本的性格傾向**」。

光透過拍照的方式，就能知道人的性格。尤其是旅遊紀念照中的姿態，更能明確顯示你的基本性格傾向。

A 選項 **總是快人一步的行動派。**

你是什麼都迅速完成的行動派。很有自信且喜歡受人注目。會整合並帶領大家前進，是領導者般的存在。很會稱讚他人，激勵他人的自尊心，也十分擅長促使人拿出幹勁。什麼都想爭第一這點是美中不足的地方。

B 選項 **認真向上的努力派。**

有崇高理想，認真且熱心工作，是熱衷學習的努力派。對自己很嚴格，什麼事都很拚命。你也具有很強的忍耐力，認為應該要做的事情，就算花時間也會做到完成為止。此外，你也是一個留意要平等對待所有人的人。缺點是容易批判他人，且有常抱怨的傾向。

C 選項 **感受性強的個性派。**

你擁有豐富的想像力且思想浪漫，是具有纖細美感且情緒起伏較大的個性派。能成為正在煩惱或痛苦的人的心靈好友，並伴其左右。然而，因為心情與情感容易受影響，而有反覆無常的一面。

D 選項 **喜歡獨處的孤高之人。**

不擅長與人相處，喜歡孤獨。是比較喜歡與機械、電腦、動物等，人以外的事物相處的類型。有觀察力、客觀且深思熟慮。對人不會有先入為主的偏見，不會受謠言左右。總之，不擅長與情感豐富的人相處，且也給人有點冷淡的感覺。

TEST 3

路正中央擋著一塊大岩石！你的選擇是？

你與朋友以山頂的瞭望台為目標
走了好長一段的山路。
就在快要抵達時，
卻發現路中央擋著一塊大岩石……

請問，你會對朋友說些什麼？

A 都到這裡了，我們跨過岩石過去吧！

B 能不能想盡辦法移開這塊岩石呢？

C 沒辦法，就在這裡野餐吧。

TEST 3

診斷

在大岩石前說了什麼能看出你的「**忍耐力與容易生氣的程度**」。

擋在道路中的大岩石代表阻擋在你面前的障礙物。從面對障礙物時所表現出的態度，可以看出你的忍耐力與容易生氣的程度。

A 選項 **很容易生氣但不會有餘怒**

你一生氣起來就會立刻發火，有如火山一般，就算在他人面前也會直接爆發。而且還會對周圍的人或物品生氣，以發洩怒火。別人會對這樣的你有「生氣起來很可怕」的印象。但一旦發洩完就沒事了，因此，並不是如表面上看起來那麼可怕的類型。

B 選項 忍耐力強但生氣起來很可怕！

你就算生氣也不會在人面前表現出來，是會壓抑怒氣的類型。但那股怒意並不會消失，而是有如岩漿般在心中滾滾沸騰，愈是壓抑愈不知道什麼時候會爆發。因此有著忍耐力強又認真，但生起氣來相當可怕的一面。

C 選項 對自己的憤怒遲鈍，不會生氣的人

你是很少生氣的人。由於你不會煩躁，且不慍不火，因此周圍的人會覺得你是個溫厚的人。就算生氣也不太會注意到自己的憤怒，甚至事後才想起「那時候好像生氣了」。由於感受到怒意的時間較長，是就算想生氣也氣不起來的類型。

TEST 4

若畫一棵樹，
你會添上什麼？

這張圖是長大的樹的一部分。
請依照你的喜好
自由加上樹枝、樹葉、樹根、花朵、果實，
完成這棵樹吧！

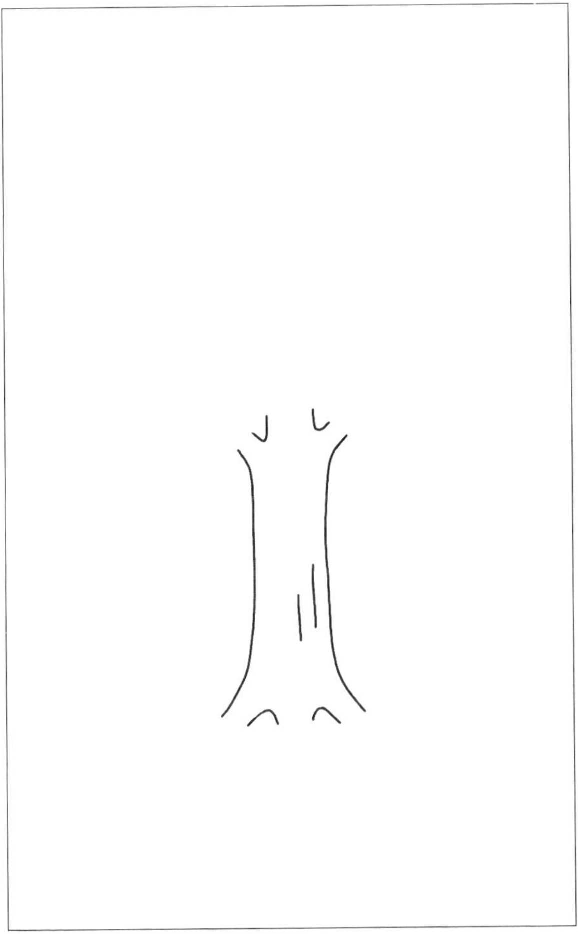

TEST 4

診斷

從你為樹木加上什麼，能知道你的「**精神能量的特徵**」。

透過你畫了什麼、為那棵樹加了什麼，能知道你內在湧出的精神能量的特徵。

樹根 代表 **安定感的能量**

畫出穩固根部的你是個腳踏實地的人。有生活能力，精神上安定平穩。若樹根細而短小，則有不安定且缺乏活力的傾向。

樹葉 代表 **生命力與知性的能量**

畫出很多樹葉的人面對未來充滿正能量，同時還是頭腦靈活，會受好奇心驅使而行動的類型。而葉子少或畫出枯葉的人則有容易情緒低落的傾向。

樹枝 代表 好奇心與行動力的能量

畫出很多樹枝的人好奇心旺盛且好動。樹枝粗大代表集中力，樹枝細小則代表心浮氣躁。畫出許多細小樹枝的人對事物有三分鐘熱度的傾向。

花朵 代表 注目與關心的能量

添上花朵的人有意識到自己的魅力，是強烈希望獲得注目與關心的類型。大花代表想要更強烈的關注，畫小花的人則是「想要被愛」的想法更強烈。

果實 代表 成果的能量

畫出樹木結出果實的人渴望自己的能力與事蹟被認可。此外，由於重視事物的結果，會傾向以實際利益來行動。沒有畫果實的人，則可能不太會思考目的或是目標的人。

TEST 5

在有水平線的畫中加上一顆太陽？

在純白的畫布上，有條水平線、椰子樹與鳥。

如果在這幅畫中加顆太陽，你會選哪種太陽呢？

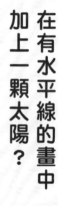

A 在水平線正上方閃耀的大太陽

B 從東方水平線升起的朝陽

C 沉入西方水平線的夕陽

D 在天空遠方看起來小小的太陽

TEST 5
診斷

從加上什麼樣的太陽能夠知道「自我評價與他人評價的差異」。

太陽代表你的個性與才華。從太陽的位置與大小，可以看出你自己與他人對於你的個性與才華的看法。

A 選項 認為「自己是特別的人」，甚至能影響身邊的人的想法。

你似乎認為「自己是特別的人，且有高人一等的地方。」這種深信不疑的想法成為一種自信，照亮了你，使周遭的人也產生「那個人很厲害」、「好像跟我們也有些不一樣」的想法。

B 選項 不管自己或周圍的人的評價都是「普通人」。

你似乎認為「自己是相當平凡的人，能力與才華也與他人沒有太大的差異，就是個普通人。」而周圍的人也認為你過著非常平凡的生活，是個路人甲。

C 選項　自認有個性，但周圍的評價則是「常見的類型」。

你認為「自己很怪，是個獨特的人。」且你一定也覺得自己有什麼非凡的才華吧。然而，周圍的人對你的想法似乎是「有啊，有這種類型的人。」，僅僅是把你概括而論而已。

D 選項　不管自己或周圍的人的評價都是「有點怪的人」

你認為「自己可能有點奇怪」，而周圍的人也認為你是有點怪的人，擁有什麼不凡的才華。所謂自己或他人都覺得是怪人，可說是很有個性的人。

TEST 6

朋友嫁入豪門，你的想法是？

你在路上巧遇了學生時代曾經很要好的朋友。
朋友表示自己已經結婚了，且就住在附近。
受到她的邀請，你直接前往她家，
一看，居然是一棟奢華豪宅！
結婚的對象似乎是一位年輕又帥氣的大富翁。

喝完美味的茶後，在踏上歸途時，
你會有什麼樣的想法？

A 看來我交到了一個有錢人朋友，接下來我也要繼續與她維持友好關係。

B 她看起來很幸福，真是太好了，我也要打從心底祝福她才是。

C 看來她和我變成不同世界的人了，總覺得自己很悲慘。

D 好不甘心！為什麼只有她麻雀變鳳凰，我也不會輸的！

E 整件事太誇張了，她一定有什麼難言之隱吧！

TEST 6

診斷

你對於朋友嫁入豪門的想法，能知道你「內心棲息的惡魔類型」。

你是否曾在看到別人幸福時，產生負面情感的經驗呢？面對他人幸福時的反應，會顯現出潛藏在你心中的惡魔類型。

A 選項 只看到自己幸福的自我中心惡魔。

你是只想到自己的自我中心者。只要自己開心就好，貪求會讓自己快樂或渴望的事物，逃避討厭或麻煩的事，並將責任推給他人。

B 選項 驕傲的偽善者惡魔。

你認為自己是「充滿愛的大善人」，但其實是一個傲慢且佔有慾強的人。你是會因為釋出善意的對象沒有向你表示感謝而感到憤怒的類型。

C 選項 **嫉妒心重的利己主義惡魔。**

你的內心潛藏著糾結的忌妒情感。特別是會對視為宿敵的人抱持強烈的嫉妒心理。然而，因為不想要承認，導致你會輕蔑對方，或受到該情感的負面影響而變得憂鬱。

D 選項 **壞心眼的謊言惡魔。**

你討厭輸的感覺，是能為了獲勝而冷靜將宿敵除掉的人。會到處說對方的壞話，或欺負對方。且你可能會為了讓自己顯得比較優秀，而自然地撒謊。

E 選項 **執念很深的復仇惡魔。**

習慣將事物往壞處想的你，其實是個執念很深的人。你永遠不會忘記他人的陷害，總是計畫著怎麼復仇。因此，也會為了不讓別人抓到把柄而自我防衛。

TEST 7

準備搬家時，發現有大量的行李要收拾。

你正在整理行李，
準備搬家。
在櫃子深處，
你發現大量好幾年沒用的物品。
請問，你會怎麼做？

A 狠下心來全部丟掉。

B 全部搬到新家。

C 賣到二手商店或跳蚤市場。

D 只留下好的，其它全部丟掉。

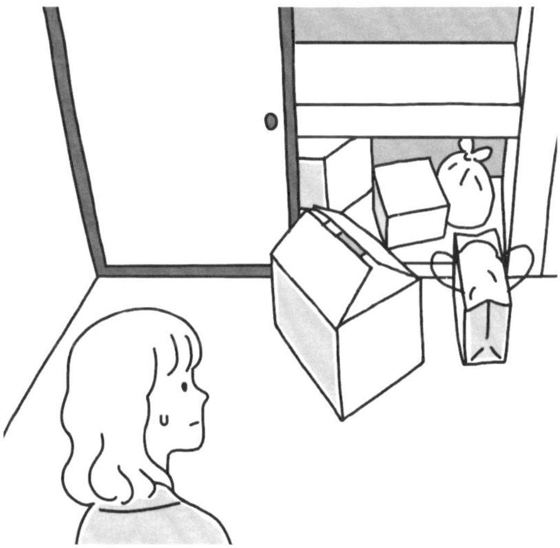

TEST 7
診斷

如何處理不需要的物品，能知道你「面對過去錯誤」的方式。

搬家前必須處理的行李代表「你的過去」。從你處理的方式可以知道你與過去錯誤的妥協方式。

A 選項 完全忘記過去的錯誤。

你不是一個會拘泥於過去錯誤的人。能斷然認為「過去的事情就過去了」，是積極過生活的類型。然而，由於你已將討厭的事情忘得一乾二淨了，導致無法活用過去經驗，很可能會重蹈覆轍。

B 選項 一直拘泥於過去的錯誤。

你是會一直拘泥於過往失敗的人。就算沒有失敗，對於自己所做過的事情，也會想那樣做沒錯嗎？要是那時這樣做就好了，或是沒有那樣做就好了等等，不斷鑽牛角尖地煩惱不已，裹足不前。

C 選項 不會被過去綁住，但會對未來感到不安。

你雖然很少想起以前的失敗經驗或壞事，但你常會有「未來好像會發生壞事……」的想法，因而總是感到不安。總會對即將發生的事感到「好像會失敗」。並在受到這樣的自我暗示後，也就真的失敗了。

D 選項 不會記得討厭的事，只會記得好事。

你總是記得過去的光榮時刻，但不會記得失敗。你覺得自己迄今為止所做的事都非常成功順利，從沒失敗過。此外，平時你會為了逃避失敗，而傾向於只選擇一開始就看起來會很順利的事情來嘗試。

TEST 8

若將自己比喻為受困的動物，你覺得會是哪種？

若將你比喻成受困的動物，你覺得哪一種動物最接近？

A 牢籠裡的老虎

B

籠裡的鳥

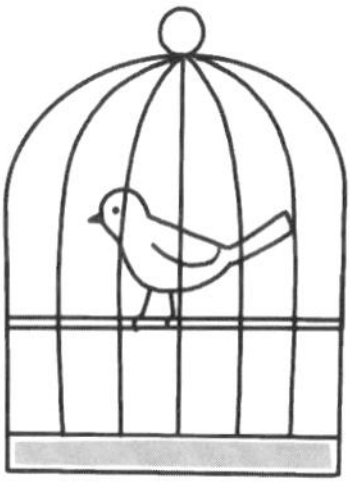

C

被鎖鏈拴住的狗

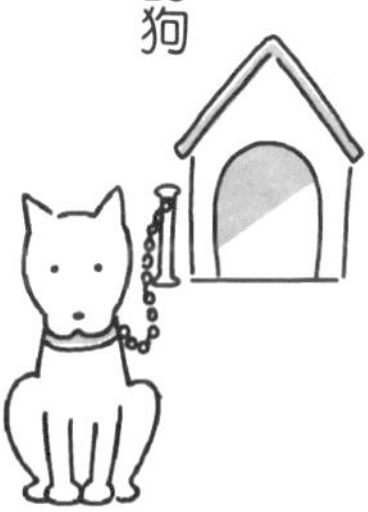

D

籠裡的倉鼠

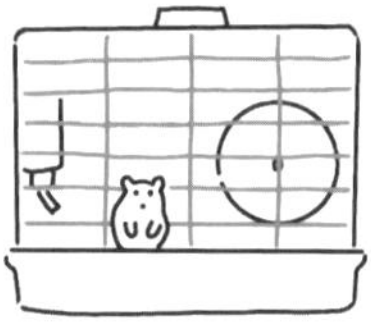

E

水槽裡的烏龜

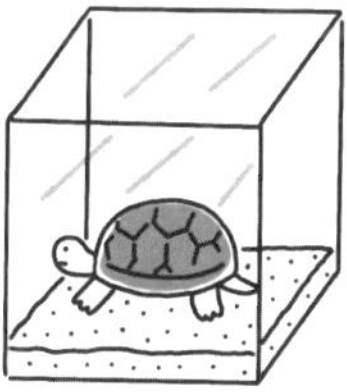

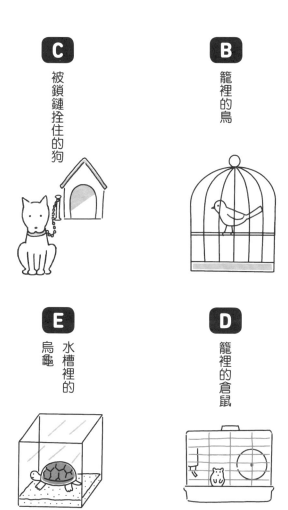

TEST 8
診斷

失去自由的動物，代表你所抱持的「**內心煩悶**」。

在我們的內心，有著若沒有好好處理就會成為壓力的內心煩悶。失去自由的動物代表你心中的煩悶狀態。

A 選項 對沒有刺激的生活感到壓力。

選擇凶暴老虎的人，有著「精力」無處發洩的傾向。你是否對沒有刺激感的生活感到不滿意？或許，你需要能讓你全力以赴的工作或活動。

B 選項 似乎有著激烈的情感。

選擇自由小鳥的人，有無法負荷自己「心情與感情」的傾向。你是否心中懷抱著激烈情感卻無處宣洩呢？或許你需要參與戲劇或創作等能夠展現自己的活動。

C 選項 對於優先做該做的事情而感到焦慮。

若選擇代表忠心的狗，則有無法應付「慾望」的傾向。比起「想做的事」你是否總是先做「必須做的事」？或許你需要偶爾盡情放鬆、享受人生。

D 選項 對總是感到不安的狀態感到焦躁。

若是選擇轉輪上玩耍的倉鼠，則有難以處置「不安感」的傾向。會想找一個可以依賴的事物，受其守護才能感到安心。或許你需要一個支持心靈的事物或真誠的夥伴。

E 選項 討厭有偷懶習慣的自己。

選擇烏龜的人有無法應付「怠惰之心」的傾向，你似乎很討厭做什麼事情都覺得很麻煩而拖延的自己。或許你需要設定目標或加強行動力。

TEST 9

與友人見面時，想第一個傳達的是什麼事？

為了向朋友傳達
受託之事而前往朋友家。
但在路上你卻遇到了
很可怕的事與很開心的事。

請問，見到朋友後，
你會先傳達什麼事？

A 可怕的事件

B 開心的事件

C 被拜託的事

TEST 9

診斷

從首先傳達的事情上，可以知道你「遇到危機時的應對」。

你是先說重要的事，還是迫不及待地想先說可怕的體驗——從傳達的優先順序可以知道你遇到危機時的反應。

A 選項 遇到危急時，十分活躍的「即時反應型」。

在遇到危機時你會覺得「這下糟糕了！」是會馬上反應的類型。無法靜下來，覺得必須有所行動，且覺得不找個人說不痛快。你在遭遇困境或逆境時會有戲劇性的充實感，有著十分活躍的一面。但是，也有可能會變成大驚小怪，將周圍的人都拉下水的小題大作之人。

B 選項 覺得總會有辦法的，是處變不驚的「樂觀型」。

在遇到危機時你也覺得「一定會沒事的」，是個樂觀主義者。並不怎麼慌張，且認為「總會有辦法」，能悠然面對。在陷入困境或逆境時不會消沉，常保積極態度。但有些盡早處理就不會鬧大的事，很可能會因為你的置之不理而嚐到嚴重苦果，或造成周圍的人的麻煩，可能會讓自己陷入危機。

C 選項 思考該做什麼，冷靜應對的「按部就班型」。

你是在危機時能冷靜面對的人。在發生問題時，你會按部就班地思考「該先做什麼？」能冷靜因應。在身處困境或逆境時，不會受到情緒干擾，只會做該做的事。會因無法體諒他人而做出冷酷的決定，或因無法掌握情緒，導致壓力累積使身體出現不適狀況。

TEST 10

賞花時，你會擔任什麼角色？

櫻花盛開的時節，
你與夥伴決定相約賞花。
每個人會分配到一個角色。
請問你會接受何種角色分配呢？
請從下列選項選擇。

A 負責尋找地點的人

B 負責添購食物的人

C 負責會計的人

D 負責娛樂活動的人

E 負責拍照攝影的人

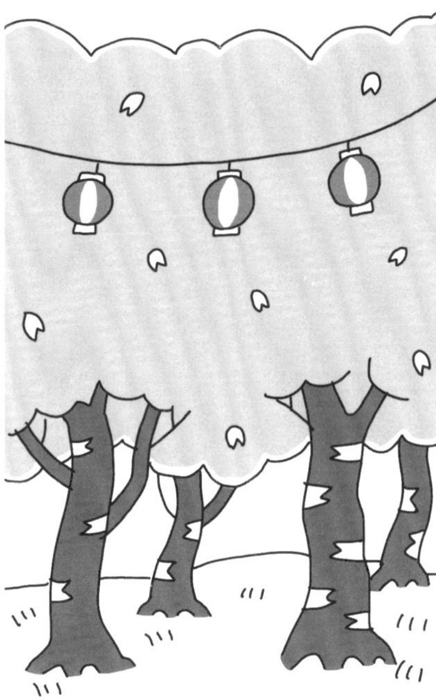

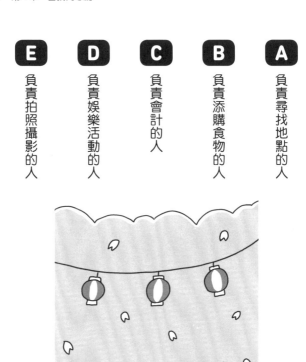

TEST 10 診斷

想做的角色代表擅長的領域。由此可知你「不想被人知道的內心黑暗面」。

在擅長的事物中，你所隱藏的心理黑暗面會浮上台面。

A 選項 在善於社交的背後，有著威權主義的一面。

你是希望與他人和平相處的人。不會有偏見或先入為主的觀點，不管對誰都平等相待。但背地裡，則認為地位高的人是「偉大的人」，且鄙視身分低的人，有著威權主義的一面。

B 選項 善於照顧他人的背後，有著自己不想被照顧的一面。

你被人拜託時，不會面有難色、會欣然接受。對照顧的對象總能親切陪伴，沒有任何架子。但在背後，如果自己成了受人照顧的對象，則會產生恐懼的心情。

C 選項 處事細心的背後，有著另一個自己。

具有協調性，能細心處理周遭狀況。但對地位比自己高的人有著強烈的反抗心理，在私底下會說對方的壞話或口出惡言。在自己心中似乎還住著另一個自己。

D 選項 爽朗的背後，有著不在意他人的一面。

能不拘泥地與任何人相處。不屬於任任何特定團體，會試著經營各方關係。但你並不在乎他人的心情、不想了解痛苦的人的情緒，有著冷酷傷人的一面。

E 選項 冷靜的背後，有著連周圍的人也驚訝的熱情。

你是什麼事情都能冷靜應對的人，但卻有著強烈的情感，對於有興趣的人事物有著瘋狂的執念。

TEST 11

想從妖怪山取回寶物，你會怎麼做？

在一個月圓的夜晚，你要前往妖怪棲息的山谷取回寶物。

如果在天亮前還沒有將寶物取回，你將面臨恐怖的命運。

到達山谷時，妖怪們喝得正起勁，

請問，你會怎麼做？

A 與妖怪戰鬥，打倒怪物奪取寶物。

B 不要讓怪物發現，偷偷盜取寶物。

C 接近怪物，與它們變得親近以獲得寶物。

TEST 11 診斷

透過帶回寶物的方法，可以知道你「面對內心潛藏黑暗情感」的方式。

可怕的妖怪代表你內心潛藏的黑暗情感、負面思惟、複雜而難以割捨的心情或矛盾情感。

A 選項 自己的人生靠自己開拓。

你是認為自己的人生能透過意志與努力而變得順遂如意的人。因此，你會積極行動，且也有硬幹蠻幹的一面。另一方面，你不擅長面對自己的負面部分，特別是心裡的脆弱與複雜情感。這反而是你人生遇到挫折的原因。有時你也應該學會承認受傷或是自己是脆弱的。

B 選項 傾向讓自己的生活方式符合周遭的期待。

你對於周圍的人的期待很敏感，會為了符合該期待而行動。就算內心湧現矛盾情緒或負面情感，也會告訴自己不可以這麼想，傾向於約束自己。這或許是讓你覺得「自己的未來是可預測」的原因。或許你在面對自己的黑暗面時，可以想著「有這種地方也沒有關係」，並嘗試接受其存在。

C 選項 能活在自己世界裡的人。

對於心中的黑暗情感，你似乎能毫無抗拒地接受。就算其中有什麼可怕的東西也不會感到害怕。覺得那樣就好，能暢遊自己的內心世界。這可能會在未來與某些創作活動結合。但也可能使你深陷脫離現實的虛構世界中，要小心這種狀況。

TEST 12

什麼標題的書會讓你衝動買下？

你在順道經過的書店中，
衝動地買下某本書。
吸引你的書名標題，會是哪一個？

A 不努力也沒關係
～慢慢前進～

B 這個社會維持現狀真的好嗎？
～讓我們親手改革～

C 第一印象決勝負！
～人生勝利組就是這點跟別人不一樣～

D 人生不享受就虧大了
～什麼都想要的貪婪、快樂人生～

TEST 12

診斷

從你衝動買下的書的標題，可以知道你「乍看之下算是優點的缺點」。

從哪一句話最深得你心，可以知道你在自己看來覺得很棒，但做過頭的話就是缺點的性格特徵。

A 選項 心胸寬大，太超過就會變成懶惰蟲。

你不拘小節，擁有寬大的心胸。但程度太超過時，精神上會欠缺想要成長的心態。偶爾該對自己說聲「加油！」，試著鞭策一下自己。

B 選項 正義感強，太超過就會變成欲求不滿的固執之人。

你討厭錯誤的事或世上不義之事，是正義感很強的人。但正義感太強時，恐怕會變成欲求不滿的偏執狂。總是把不滿掛在嘴邊，會讓煩悶在心中累積。應適時停醒自己：「要打動他人的心，愛比憤怒更有效。」

C 選項 展現自己魅力的心情，太超過就會變成炫耀。

你想展現自己的魅力的心情非常強烈，且為此努力不懈。但若太超過，恐怕會變成忽略內在、只注重外表，且對話中總在炫耀的人。為了不要讓「魅力僅止於表面」，也該試著努力磨練內在美。

D 選項 正向思考，太超過就會變成不負責的個性。

你能積極地接受人生，是具有正向思考的人。但這種態度過了頭，恐怕會變成迅速忘記討厭的事，且總是在逃避痛苦事物的不負責任個性。為了更深刻地面對人生，建議你偶爾可以閱讀精神世界、哲學、文學或自然科學的書籍，試著讓思緒馳騁在深奧的世界中。

TEST 13

魔法師給的禮物，你放棄的順序是？

你從魔法師那裏獲得了四個禮物，此時出現了三隻盯上禮物的怪獸。

為了成功從魔界脫身，你必須把禮物交給怪獸。

請問你放棄的順序是什麼？以及，到最後都不想放棄的東西。

A 魔法面具

B 魔法壺

C 魔法翅膀

D 魔法點心

放棄禮物的順序			
①	②	③	④

TEST 13

診斷

從你放棄的順序，可以知道你「**人生中不想失去的東西**」。

魔法師給你的東西代表你認為這輩子想持有、不想失去的東西。從這個測驗中可以知道，這四個東西中哪一個最重要，以及為了獲得某樣東西你願意用什麼東西去交換。

各禮物的意義如下：

A 魔法面具 ＝ 自尊

B 魔法壺 ＝ 金錢

C 魔法翅膀 ＝ 自由

D 魔法點心 ＝ 愛

例如，如果你第一個放棄的是魔法面具的話，就代表你是一個「為了其它事物，捨棄自尊也行的人」。最後放棄的是魔法壺的話，就代表你是一個「認為人生中最重要的是金錢的人」。

【回答範例】

◎放棄的順序為①**魔法壺（金錢）**②**魔法點心（愛）**③**魔法面具（自尊）**④**魔法翅膀（自由）**

這種人可能是自由奔放且有自戀性格的人。比起金錢或與愛人的生活，更像是追求自由的浪漫主義者，且似乎會對工作或婚姻感到束縛。

◎放棄的順序為①**魔法點心（愛）**②**魔法面具（自尊）**③**魔法翅膀（自由）**④**魔法壺（金錢）**

這可能是對金錢或財產感興趣的人。會為了錢不擇手段，且輕視與戀人、家人或朋友的關係，似乎認為只要有錢就能感到自由。

TEST 14

哪種場面最能打動你？

人生中有許多感人場面，
以及美麗的風景。

請從下列選項中，
選出最令你感動的場景。

A 變化多端的風景

B 野生動物毅然佇立於荒野中的姿影

C 團隊同心協力獲得勝利的場面

D 新人在試鏡中獲得優勝的場面

E 朋友的結婚典禮

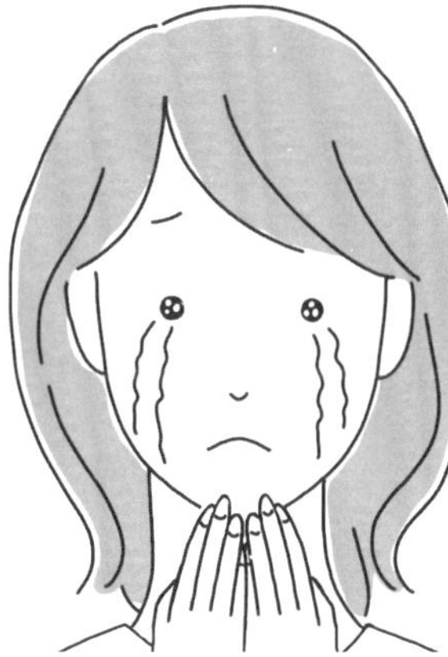

TEST 14

診斷

從最讓你感動的場面，可以知道你「**什麼時候最容易受傷**」。

在這題中，可知道什麼時候會刺激到你並使你感到受傷的情感，以及在受到傷害時所引起的負面心理。

A 選項 無法忍受被當成「大眾中的一人」。

自己的特色不被認可，被當作「大眾中的一人」對待時最令你受傷。若看到有人在才能上比自己更受到認可、吹捧時，你會燃起熊熊的忌妒之火。如果那個人是朋友，你的心情會更強烈，且變得苦悶。要克服這種苦悶，可以學些能被他人認可的事物，以培養自信。

B 選項 單純的自己遭遇背叛時會受到很大衝擊。

單純的你容易相信他人。當這份單純被踐踏，並感覺遭受背叛時最令你受傷。如此的你會突然改變、轉而憎恨對方；接著會想要報復，卻又覺得那麼做也沒什麼幫助，左右為難、輾轉難眠。或許你該要與更具信賴感的人構築關係，並斬斷與過去的牽連。

C 選項 找不到歸屬時最痛苦。

找不到歸屬時最令你受傷。在交朋友時、或團體中出現難以應付的人，或有新人加入時，會讓你有被排除的感覺、飽受不安與疑心病的折磨。要克服這種痛苦，或許可以在面對不擅長相處的人時，自己先敞開心房接受。如此一來，可能會發現原本覺得難以相處的人竟意外是個好人，進而相處順利。

選項D 比賽失利或感到不如他人時，使你心碎。

你總是抱持著「自己比他人優秀」的優越感。在輸給他人或與他人相比感覺不如人時會很受傷。這樣的你會為了克服劣等感而更加努力，燃起與對手競爭的心理並與之對抗。同時你會充滿希望死對頭失敗的想法，甚至也會產生想扯對方後腿的衝動。為了從這股衝動中逃脫，只能更加努力、以實力決勝負吧。

選項E 曾依賴的夥伴離去時會受到打擊！

當你覺得自己被拋棄時，最令你受傷。例如，大家一起做到某種程度的事情，卻因為各自的緣故而沒辦法再聚在一起，會讓你感到寂寞或不安吧？此外，周圍沒有可靠的人，或必須自己決定重要大事時，也會讓你感到不安。為了克服這種不安感，只能培養不依賴他人、單憑自己就能完成事物的獨立心態！

第2章

人際關係篇

了解自己與人交往的習慣與傾向，
就此省去煩惱

TEST 15

發現討厭的蟲子！你會怎麼做？

你一個人在房間時，
發現了一隻蟑螂！
請問，在這個瞬間你會怎麼做？

A 打爛。

B 大聲尖叫。

C 噴強力殺蟲劑。

D 想著好討厭，然後默默地當作沒看到。

TEST 15

診斷

從發現蟑螂時的行動，能知道你對「討厭的人的態度」。

瞬間的判斷會無意間展露出人的真正想法。對於蟑螂所採取的行動代表你對不擅長交流或對討厭的人，會採取的態度。

A 選項 對於討厭的人會毫不寬恕地攻擊的類型。

你是會直白地表露自己情感的人。如果討厭對方，你會口出惡言，或當面直接表現出攻擊的態勢。之後你還會看著對方困擾的模樣，非常開心地覺得是對方「活該」。

B 選項 勃然大怒並到處拉攏同伴的類型。

你在面對討厭的人時，會赤裸裸地展露情緒。自己會先口出惡言，如果被對方說了什麼則會勃然大怒，並毫無顧慮地說出傷害對方的話。為了製造對自己有利的情勢還會對周圍的人說著：「你是站在我這一邊的吧？」來拉攏他人。

C 選項 表面故作友好，在暗地裡攻擊的類型。

你總有著「自己是好人」、「壞的是對方」的想法，並會試圖讓周圍的人接受這種印象。表面上維持與對方友好的形象，私底下卻會講對方的壞話，或故意散播讓對方失去信用的謠言，慢慢地將對方排擠掉。

D 選項 「總之就是無視！」的類型。

你是面對討厭的人會採取冷淡態度的人。對於對方會裝作漠不關心，擦肩而過也當作沒看到，連一句話也不想說。盡可能不要與那個人扯上關係，彷彿對方不存在一般。

TEST 16

讀書、吃飯、朋友……你最優先的是哪一項？

你正熱衷於閱讀推理小說。
就在劇情迎來高潮時，
你聽到家人喊：「飯做好囉！」。
於此同時，你也收到了朋友的簡訊：
「出去玩吧！現在就打電話過來！」

請問，你會怎麼做？

A 中斷閱讀，趁飯還沒冷掉先吃。

B 中斷閱讀，先給朋友打電話。

C 繼續閱讀，讀完為止。

TEST 16 診斷

從優先想做的事，能看出你「**是否擅長人際關係**」。

生活中常有重要的事情接踵而來，且必須馬上做出抉擇的時刻。從優先選擇的事上可以看出你與人的交往。

A 選項 狹小社交圈就能滿足。

優先吃飯的你有著戀家的一面，是喜歡在家悠閒度過的人。自己或家人能安心且舒適的生活是你最先關注的事。在交友上只需與特定的人交往就能滿足，並不會積極拓展人際關係；不擅長構築能對工作或社會活動有幫助的人脈。

B 選項 淺而廣且圓滑的社交，對於親密關係較不擅長。

選擇給朋友打電話的你，性格是比較社交型、會想外出參與各種活動的人。比起一對一更擅長團體交際，且能圓滑地扮演好在群體中分配到的角色。你不太會深入與一個人交往，是不擅長構築戀人或伴侶這類一對一親密關係的類型。

C 選項 除了有興趣的人以外，其他的一律謝絕往來。

優先閱讀的你擁有自己的興趣，是只會和喜歡的人往來的類型。你追求令人興奮的人際關係，渴望能深刻地談論關心的事物。彼此擁有密切的一對一關係。不擅長必須要與現場所有人建立友好關係的團體交際。

【解說】「在家吃飯」代表追求自己健康與舒適生活的慾望。「給朋友打電話」顯示現實社會中自己站在什麼位置、周圍的人是如何接受自己的關心。「讀書」則象徵自己能專注於某些事物。

TEST 17

被問到要不要吃最後一塊蛋糕，你的反應是？

在朋友聚會上，大家吃著好吃的蛋糕。
最後還剩一塊，但因為顧慮誰也沒有出手。
朋友對著你說：「如何？」，推薦你吃蛋糕。

請問，你會怎麼回答？

A 那麼我就不客氣了。

B 大家都分一點吃吧。

C 不用了，給別人吧。

TEST｜17
診斷

從你面對被推薦蛋糕時的反應，可知道你「**交朋友的方式**」。

最後一塊蛋糕要怎麼辦呢……你的答案代表你待人的方式。

A 選項 自己主動搭話獲得成功。

能直率地主張自我，最適合與你一樣能自我主張的人成為朋友。若和在一大群人中有些顯眼，且給人積極感的人成為朋友的話，感覺就能順利交流下去。而對方也一定會想知道：「那個人，是誰啊？」對你充滿興趣。何不試著由你先開口搭話呢？

B 選項 透過團體活動結交朋友。

重視協調性且在意他人，最適合也和你一樣在意周圍的人，並能配合他人的人成為朋友。可以先從地方活動或社團活動開始，透過團體活動結識熟人，在與夥伴的交流中找尋擁有相同價值觀的人。

C 選項 能與感覺內向、收斂的人成為朋友。

對什麼事情都較收斂且溫和敦厚，應該不常與人群聚，比較常單獨一人吧。這樣的你較難以與積極或自我主張強的人相處，反而會被和自己一樣感覺內向的人吸引。若不擅長直接搭話，或許可以用簡訊或社群網路開始交流。

【解說】與人相處的方式有「積極面對」、「配合周遭」、「保持距離」三種類型。這會對交友產生重大影響。人較容易對與自己有相似態度的人抱有好感，且較容易進行對話。可以說朋友的適合度是以相似類型者較佳。

TEST 18

面對纏成一團的線，你會怎麼做？

正在用的線打結了。

你想要解開它，似乎卻不太順利。

這種時候你會怎麼做？

A 煩躁地亂扯一通後扔掉。

B 花時間，把結一個個解開。

C 能解開的地方解開，打結的地方剪斷再接起來。

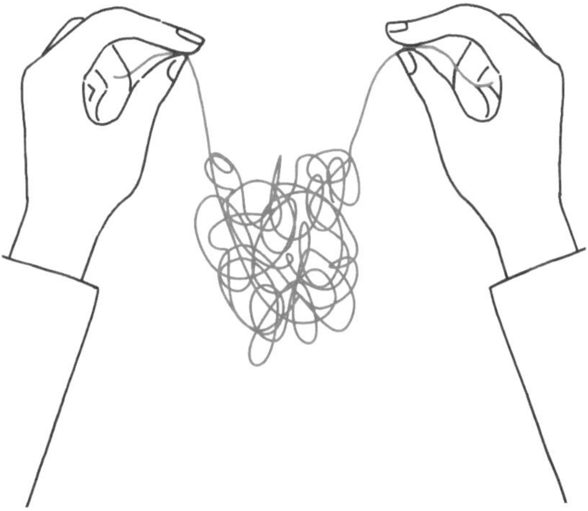

TEST 18 診斷

從如何處理打結的線，可以知道你的「**人際關係應對方式**」。

打結的線代表人際糾葛。從如何處理打結的線，可以看出你面對糾結的人際關係時是如何應對的。

A 選項 由自己立刻斷絕關係。

你是在人際關係出現糾葛時，會迅速與對方切斷關係的人。你無法理解人心的微妙之處，且難以忍受複雜的人際關係。會有若花時間或許就能有良好發展的關係，但卻被自己硬生生破壞掉的情況。由於害怕受傷而無法敞開心房與人交流，有由自己放棄重要人際關係的傾向。

B 選項　害怕關係惡化，而無法由自己做出行動。

你是不管哪種人際關係都不敢由自己斷絕的人。乍看是容忍力強且寬容的人，其實或許是害怕問題表面化，而逃避對方。你似乎害怕因為自己而失去與他人的關係。如果對方是同樣的類型，關係只會越來越膠著；如果不是，則會由對方來結束關係吧。

C 選項　內心不斷糾結，反而美化自己的行為。

在人際關係出現糾葛時，你會想是不是自己做錯了？對方是什麼心情？不停地想東想西、煩惱不已的人。但不久，你就會美化煩惱的自己，認為自己是受傷的人，且完全忘記自己傷害對方的事。結果就是與對方的關係變得更加複雜、總在爭吵，也可能演變成互相憎恨的關係。

TEST 19

救生艇沒有注意到我！

你被翻覆的船拋到海上，
在漂流時，附近有救生艇經過。
你大聲呼救卻沒人注意到，
救生艇就那樣開走了。

看著逐漸遠去的救生艇，
你的想法是？

A 我要靠自己的力量活下來給大家看！

B 一定會有人來救我的。

C 可能不會獲救了……

TEST｜19

診斷

從漂流者內心的叫喊，能知道你「會怎麼樣攻擊他人」。

在攸關生死的場面可以看出人對於活下去的意志。有時也可能會為了生存而將他人排除。透過這個問題可以知道你攻擊他人的方式。

A 選項 正面、直接攻擊。

你是會直接攻擊對方的類型。認為不說對方不會知道。會以言語攻擊對方的弱點，試圖擊垮對方；也許對方會因此深受傷害。有時你會認為是自己贏了，但事實上也可能在不知不覺中，被擅長背後算計的敵人扯了後腿還沒發覺。

B 選項 背地裡拉攏同伴，緩慢、縝密的攻擊。

你不會正面攻擊對方，而是從背後縝密、陰險地攻擊。你也會做出受害者的姿態，造謠對方的危險性、散播惡意的謠言，並拉攏周圍的人成為你的同伴。但這種作法也可能反而增加認同對方的人，導致自食其果的結果。

C 選項 以匿名方式在暗處攻擊。

你無法直接對人說出高殺傷力的話，你的攻擊性似乎是在人後才能有所發揮。例如，你會透過社群網路徹底擊垮不喜歡的對象，是光靠言語就能傷害對方的人。但是不久後可能會被周圍的人當作沒常識的人，因而遭到孤立。

TEST 20

城堡餐會，桌上需要幾個盤子？

你是一座城堡的主人。
在城堡內除了傭人外一個人也沒有。
某天晚上，你為了排解無聊與孤獨
決定招待客人來用餐。

請在桌上僅依招待的人數，自由畫上盤子。

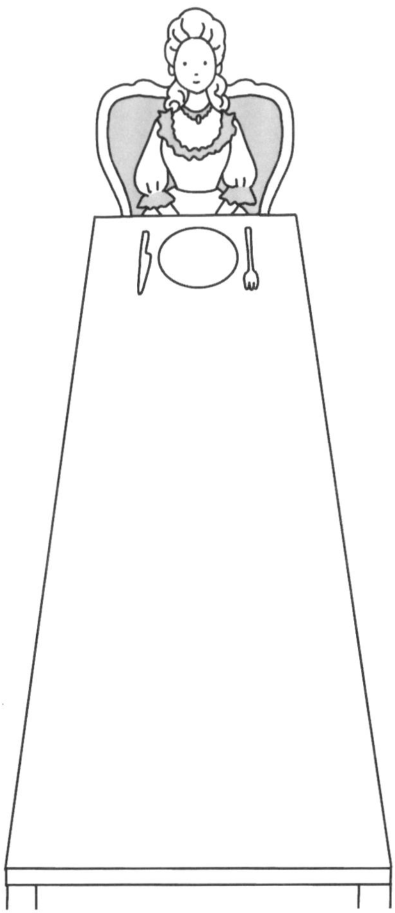

TEST 20

診斷

從畫出的盤子數量與位置，可以知道你「**需要的朋友數與相處方式**」。

盤子的數量代表你所需要的朋友數。盤子少的人，代表認為朋友有幾個就好。盤子多的人則代表想要許多朋友。

此外，盤子的位置代表所追求的與朋友之間的距離。位置畫得離自己近的人，表示追求包含私事在內、什麼都能談的親密朋友。而盤子畫在較遠處的人，則是就算是朋友，也不希望對方過分涉入私人領域，是想保持適當距離的人。

【回答範例】

正對面有一個盤子。

只在正對面畫上一個盤子的人，追求互相不帶情緒、能冷靜進行深度談話的朋友。渴望私人領域不被干涉，自己也不會干涉對方的成熟互動。

在近處有一、兩個盤子。

不希望與很多人交往，覺得有一、兩個能無話不談且心意相通的親密朋友就夠了。

在桌上等距離放著幾個盤子。

有如包圍桌子般畫上盤子的人，渴望的是如夥伴或一家人般的交往。

【解說】在這個問題中，如果對於長方形桌子總感到不自在，對圓桌比較習慣的人，那是不介意工作頭銜或社會角色等利害關係的類型。這種人追求的是更自在舒適的人際關係，或能獲得溫暖心靈交流的朋友關係。

TEST 21

以下的問題，會讓你想起誰？

在Q1～4的問題中，
如果是你，會想到誰？

請針對各個問題從認識的人中加以選擇。

Q1

你站在門內。當你打開門時，那裡站著的是你認識的誰呢？

Q2

在階梯上的舞台有個人站在那裡。你仰望的是你認識的誰呢？

Q3

在你的斜後方站著一個人，其身影由於藏在暗處而無法看清。你認為是你認識的誰呢？

Q4

你和某人一起搭雲霄飛車。那個人是你認識的誰呢？

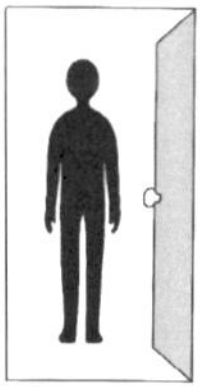

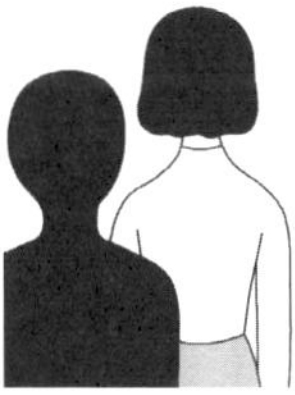

TEST 21 診斷

腦中浮現的人，代表「**你在意的人**」。

你腦中浮現了誰……答案代表你的心情。

Q1

站在門後的代表「你現在最需要的人」。

在門後站著的代表「你正焦急等待的人」。換句話說，那個人是會為你帶來好消息的人。且應該是會讓你感到安心，並在帶給你溫暖情感的同時，總是給予支持與鼓勵的人

Q2

站在階梯上的代表「你憧憬的人」。

你所仰望的人是你偷偷崇拜且抱持敬意的人。在心理上若覺得對方比自己高一

等時，我們看對方的視線會容易無意識地往上，如果認為對方比自己低一等，看對方的視線則容易往下。因此，如果是「你從階梯上往下看的人是誰？」的問題，你腦中所浮現的則是你平常認為稍微不如自己的人。

Q3 站在死角位置的代表「你不信任的人」。

處在自己看不到卻被對方看著的位置，並不是件舒服的事。你似乎不擅長與那個人相處，且抱著持警戒心。

Q4 坐在鄰座的代表「你希望發展成深刻關係的人」。

想一起搭乘令人興奮的雲霄飛車，代表你想與那個人共享刺激興奮的時光。你腦中浮現的可能是你想發生性關係的人。

TEST 22

別墅中的哪間房間最令你放鬆？

你在寧靜的山中擁有一棟別墅。
對於總是到那間別墅度假的你而言，
哪間房間最能放鬆心情？

A 能看見夜空的屋頂閣樓。

B 裝飾著花朵、有窗台的房間。

C 有溫暖爐火的房間。

TEST 22

診斷

從選擇的房間，可以知道你「與人交流的習慣」。

山中的別墅是你品味孤獨的地方。從答案可以知道你是怎麼面對孤獨的，進而知曉你的對話傾向。

A 選項

不擅長與人交流，難以由自己主動縮短距離。

你是喜愛孤獨的人。雖然多少會感到寂寞，但比起跟他人在一起，還是覺得自己一個人比較輕鬆。就算有時好像有和得來的人，也不會由自己主動搭話，要變熟需要花上一些時間。就算準備了禮物，也會有不知不覺就錯過送禮時機的情況。或許你在表達自己的情感上有著膽小的一面。

B 選項 想要被人喜歡，但舉止無法自然。

你是害怕孤獨的人。獨處時會馬上感到寂寞，是如果沒有誰能跟你說話，就會無法忍受的類型。因為想受人關注、想被人喜愛的心情非常強烈，會傾向邊強調自己的魅力邊接近他人。但這會導致你在人前有不自然的生硬舉動。此外，對於與你變親近的人，你會強烈關注對方的私領域，這可能會使你不小心碰觸到對方不想被侵犯的部分。

C 選項 不擅長關心他人，也不想讓他人為自己操心。

你是不太會感到孤獨的人。討厭被他人干涉，一個人獨處也不會感到寂寞，是單獨行動也沒什麼關係的類型。由於不想讓他人操心，相對的也不太關心他人。在人際交往方面，容易有笨拙且生硬的感覺。雖然並不是欠缺同理心，但似乎不擅長表現出會讓對方開心的積極情感。

TEST 23

人型餅乾，你會從哪裡吃起？

有塊仿造人型的餅感。
如果是你，會從哪裡吃起呢？

A 從頭開始吃。

B 從手開始吃。

C 從腳開始吃。

D 從中間折斷，從身體開始吃。

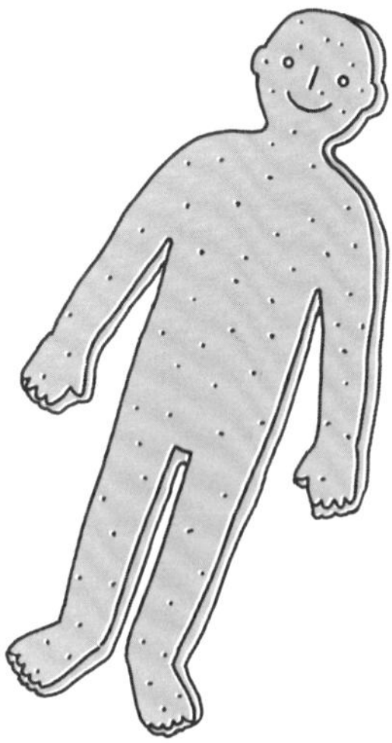

TEST 23

診斷

從開始吃的部位，可以看出你「**有多在意他人**」。

會在意他人是因為對方有人格，而大部分的人都是看到對方的臉才意識到人格的。從離頭部愈遠的地方開始吃，就代表愈在意他人。

A 選項 **不會在意他人。**

你是平常不太在意周圍的人的人。或許你是認為，若總是在意他人還怎麼活下去。在人前若感到畏縮時，你反而可能會出現厚臉皮、任性的行為。

B 選項 **容易在意他人。**

你是對周圍的人精神敏感的人。比起「覺得要注意」或許該說是「容易在意」的類型。你總是糾結於誰說了什麼話，且容易感到受傷。

C 選項 經常在意他人。

在生活中時常在意周圍的人。你是會為了不要使對方感到不快、希望對方開心而想東想西的人。你也被認為是善於照顧他人的人。但相反的，你有時也會因為想太多而用錯關心的方式，適得其反地被認為是多管閒事。

D 選項 故意裝作不在意。

你是對於周圍的人故意裝作不在意的類型。雖然有各種令你在意的事，但因為對於總是在意的自己感到疲憊，進而產生「這種事情實在不想太在意」的想法。然而，你可能還是會在意得不得了。

TEST 24

在會議中，你會有哪種發言？

左圖為公司或學校會議的場面，
你也身在其中。
人們正各自發表看法，
你認為哪一句是你的發言，
或是你內心的想法呢？

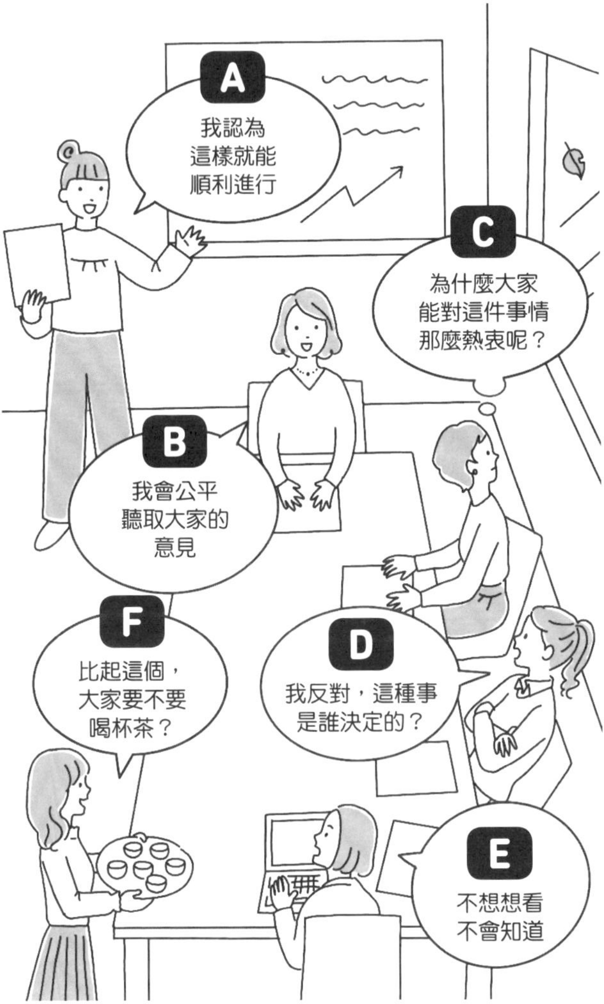
A
我認為
這樣就能
順利進行
C
為什麼大家
能對這件事情
那麼熱衷呢？
B
我會公平
聽取大家的
意見
F
比起這個，
大家要不要
喝杯茶？
D
我反對，這種事
是誰決定的？
E
不想想看
不會知道

TEST 24 診斷

從採取的發言可以知道你「想給人怎樣的印象」。

「○○是這樣的人呢。」，無論是誰都會希望給他人某種印象。

A 選項 希望被認為是「能幹的人」！

你強烈希望自己的價值觀能獲得認同，渴望被認為是有能力且在工作上「很能幹的人」。往壞處想，則也可能會被認為是「虛張聲勢的人」。

B 選項 希望被認為是「正確的人」！

你有強烈的堅持，且想向周圍的人證明自己是正確的。似乎想被認為是能做出公平且公正判斷的人。往壞處想，則可能會被認為是「抱怨很多的人」。

C 選項 希望被認為是「特別的人」！

對他人沒有興趣，只醉心於自己情感的人。似乎想被認為是纖細且容易受傷的人。往壞處想，則可能會被認為「只是個反覆無常的人」。

D 選項 希望被認為是「不得了的人」！

想按自己的意思推動人事物的人。似乎想被認為是未來會站在眾人之上，很不得了的人物。往壞處想，可能會被認為只是個「態度高傲的人」。

E 選項 希望被認為是「頭腦好的人」！

強烈希望自己是知性又有能力、能冷靜判斷的人。似乎希望被認為是頭腦好，且深思熟慮的人。往壞處想，則可能被認為是「歪理很多的人」。

F 選項 希望被認為是「好人」！

強烈希望能讓他人開心的人。想給予他人什麼，並獲得感謝，似乎希望能被認為是「好人」。往壞處想，則可能被認為是「多管閒事的人」。

TEST 25

你身在什麼樣的箱子中？

請想像在箱子裡的自己。

請問，那是個怎麼樣的箱子？
請邊想像箱子的大小與在裡面的狀態，邊回答以下問題。

Q1

你所在的箱子大小。

A　寬廣且舒適。

B　不寬也不窄的程度。

C　狹窄擁擠。

Q2

那個箱子有窗戶嗎？

A　有。

B　沒有。

Q3

你能進出那個箱子嗎？

A　出不去，被關在裡面。

B　也許出得去，但自己不想出去。

C　可以自由進出。

TEST 25 診斷

你所在的箱子代表你「與他人或社會的關係」。

你所想像的「在箱子裡的自己」，代表你對於自己與外在社會的關係所產生的自我感受。

Q1 箱子的大小，代表你如何接受在現實社會中生活的自己。

A選項……你是對自己採取肯定態度的人。認為「別人是別人，自己是自己」，什麼事情都依自己的步調，會以自己想要的方式來做。

B選項……你在某種程度上會壓抑自己的欲望與任性，會適應社會並試圖獲得自己期望的地位。認為自己是具有良知的人。

C選項……對做自己這件事情感到痛苦。你無法在現實社會中找到自己的立足之地，且似乎為此感到痛苦。

Q2 窗戶代表與人的聯繫或尋求交流的場所。

A選項……你強烈渴望與人進行心靈交流或對話。但是窗戶是開還是關，與他人相處的方式也會有所不同。窗戶關著的人，雖然想與他人交流，但不太會積極地敞開心房。窗戶開著的人，則會以相對開放的態度與他人相處。

B選項……傾向躲在自己的世界中。你目前似乎對於他人並沒有什麼興趣，也不想與周圍的人對話。

【解說】以我們的身體來說，剛好在胸部左右的位置，是我們接受他人心情並好好將自己的心情傳達給他人的地方。在本題中，該位置是以「窗戶」的型態表現的。

Q3 從箱子中是什麼狀態，是否能自由進出，能看出你是內向還是外向。

A選項……你害怕面對現實社會，另一方面又強烈希望能好好適應社會。雖然不知道你原本是內向還是外向，但可能是你現在有什麼煩惱，使心情極度低落內向。

B選項……比起與外界或現實社會的關係，你是更加關注內心世界的人。即所謂內向的人。很重視內心的感受與思考。

C選項……比起內心世界，你更關心外界所發生的事。即所謂外向的人。比起內心的感受或思考，你會優先做出決定與行動。

【解說】箱子代表隔開自己與外界的東西。箱子外是現實社會，箱子內則可視為內在世界。

第3章

戀愛結婚篇

從令人在意的契合度、理想戀人到性事話題

TEST 26

偵探工作絕對不可或缺的道具是什麼？

你是大都市裡的私家偵探。
為了調查某案件正準備出發，
身為偵探的你
認為什麼是絕對不可或缺的必備品？

「偵探工作絕對需要這一樣！」
請以這樣的想法做出選擇。

A 變裝道具

B 武器

C 相機或筆記本等紀錄用品

TEST 26
診斷

從你選擇什麼樣的偵探必備品，可以知道你「**選擇戀人的傾向**」。

偵探的必備用品是為了面對危險、解開謎團、協助解決案件的。與戀愛相同，從你認為什麼是必須品可以知道你的戀愛傾向。

A 選項 **擅長算計以獲得品味好的人！**

變裝道具是可以改變自身形象的物品。你在異性面前會扮演不容易到手的理想戀人，是會自抬身價的類型。時而故意假裝不在意地冷淡應對，以態度曖昧的戀愛算計來吸引對方。而戀愛對象則傾向選擇外貌佳、服裝或所持物品的品味不落俗套且富有的人。

B 選項 想跟危險的對象談場刺激的戀愛！

手槍是危險的武器。在保護自己的同時，也可以用來威脅他人，或給予致命傷害。你追求的是彼此在對到眼的瞬間便強烈地互相吸引、從見面那一天起便發展成深刻關係的激烈戀愛。會吸引你的對象是有如逃犯般，有點狂野感的人，傾向選擇價值觀與自己世界完全不同的人。

C 選項 會先觀察，想從朋友發展成戀人關係。

選擇記錄證據的相機與筆記本的你，是冷靜觀察異性的人。你是否有遇過就算是喜歡的人，但如果對方太過積極地接近，反而會讓你退縮的情形？你似乎認為從朋友交流這種平淡關係開始的戀愛比較適合自己。吸引你的是擁有共同興趣或專業領域，並透過這個共通點能有各種對話的人。

TEST 27 確認你與交往中的戀人的契合度！

請回答以下①到⑮的問題，符合的請答「YES」，不符合的則答「NO」，「有點符合」或「沒有想法」時則答「？」。全部作答後，請以計分表算出總分。

①喜歡的食物大部分都一樣。

②在對方送的禮物中，有不符合自己興趣喜好，且沒有在使用的東西。

③見面時總是只有兩個人，不曾與他（她）的友人、熟人見過面。

④若想像兩人的孩子，會覺得一定很可愛。

⑤曾被對方說：「你應該不是這種人。」

⑥總是由自己聯絡對方，對方則很少連絡。

⑦在沒有見面的時候，你幾乎不知道他（她）在哪裡，在做什麼。
⑧會合地點與時間常與對方發生誤會，導致難以見到面。
⑨與對方常有「我正想這麼說。」「你為什麼知道？」這樣的對話。
⑩就算沒有話題，不勉強聊天也不會覺得尷尬。
⑪曾發生明明自己是在開玩笑，他（她）卻突然勃然大怒的狀況。
⑫他（她）不太講過去或與自己家人相關的事。
⑬使用他（她）用過的毛巾，你完全不會有牴觸心理。
⑭就算他（她）開玩笑，你也一點都不覺得有趣。
⑮認識彼此的朋友，且有支持彼此關係的共同朋友。

	YES	?	NO
①	2	1	0
②	0	1	2
③	0	1	2
④	2	1	0
⑤	0	1	2
⑥	0	1	2
⑦	0	1	2
⑧	0	1	2
⑨	2	1	0
⑩	2	1	0
⑪	0	1	2
⑫	0	1	2
⑬	2	1	0
⑭	0	1	2
⑮	2	1	0
計			
合計			分

TEST 27 診斷

這個測驗可以知道你「與交往中的戀人的契合度」。

現在正在交往的兩人。你與戀人能順利發展下去嗎？

24分以上

契合度超高！一定能長久交往下去。

契合度絕佳的情侶。你們彼此互相信賴、誠實交往。長久持續的關係，讓你們有很大的可能性會從戀愛發展到結婚。兩人一定會很幸福的。

16～23分

契合度不錯，積極相處能獲得好結果。

是契合度還不錯的情侶。就算多少有些誤解或分歧，但只要兩人積極相處，一定能相互理解。若能為了維持好關係做出努力，結婚也可以很幸福吧。

8～15分 契合度稍嫌不足，有點難以長久相處下去。

契合度不太好的情侶。兩人在性格上或許有不合或價值觀相左的情況。如果分歧持續，也可能在性關係方面產生不合，關係可能無法長久。

7分以下 契合度不佳，分手已近在眼前?!

很遺憾，兩人的契合度十分糟糕。相互理解的部分很少，相處上不知是否常有摩擦？或許你們正因為彼此的不同而互相吸引，但兩人的關係可能不適合結婚。

【解說】男女的契合度是指兩人擁有相同的價值觀，且成長環境、文化與教育程度相近，在相處上會比較順利，即所謂的「長久性契合度」，也正是本題所診斷的事項。若是一時性的熱烈戀情，就算契合度不佳，也會有戀情不減反增的情況。

TEST 28

正在釣魚的你，會釣到什麼？

你正在海邊釣魚。
請回答以下Q1～Q4的問題。

Q1

為了釣起魚，你認為什麼是最重要的？

A　魚餌。如果魚餌好就能釣到魚。

B　釣魚技巧。技巧好的人就能釣到。

C　地點。只要地點好就能釣到。

Q2

旁邊的人釣得很開心，但你卻完全釣不到，請問你會怎麼做？

A 為了讓魚聚過來，試著撒餌。

B 移到其它地點。

C 在釣到前悠閒等待。

Q3

你的浮標開始上下浮沉，請問手感如何？

A 輕輕啄餌的感覺。

B 釣線被悄悄拉扯的感覺。

C 力道強勁，整個釣竿都要被拉下去的感覺。

Q4

請問你實際釣到什麼魚？

A 看起來很美味的魚。

B 看起來不能吃的魚。

C 滑溜溜的章魚。

TEST 28

診斷

本測驗可以知道你對**「性事的關心度」**。

釣魚的人就好比想要找到異性的你。從釣魚時的態度，可以知道你的戀愛行動或對性的期待感。

Q1 你認為能釣到魚的條件，代表你攻陷戀人時的條件。

A選項……你的價值觀是只要有魅力就會受到異性的歡迎，且認為自己是擁有魅力的人。

B選項……你認為最重要的是符合異性的期待。覺得若不打扮自己就不會受到歡迎，會留意讓異性產生好感的服裝或妝容。

C選項……你認為邂逅的機會才是最重要的條件。相信一定有命運的紅線將你與某處的誰相繫。

Q2 從你釣魚時態度，可以知道你是否容易外遇。

A選項……你在交往時會對戀人十分著迷，其他異性都看不上眼。但分手後並不會那麼留戀，能馬上尋覓下個對象。

B選項……你就算有戀人也很容易就將目光移到他人身上。如果遇到有魅力的對象，會產生「那個人或許比較好？」或「要不要試著交往看看呢？」等出軌的念頭。

C選項……你要是喜歡上誰，就會一直想著對方。會有已與對方成為一體的心情，是假設就算對方出軌，也能一直等到對方回頭的類型。

Q3 浮標的動向，代表你在性愛中的感受。

A選項……你認為性愛是羞恥的事情。露骨而直接的性愛反而會讓你失去興致。不如說，你是對運用想像力的一人性愛會比較有快感的類型。

B選項……你期待的是與戀人相互訴說愛語的浪漫性愛。然而，在實際的體驗中則會覺得原來是這麼一回事，並不會有特別大的期待或失望。

C選項……你對於性愛的快感比一般人有多一倍的期待。似乎喜歡身體互相撞擊直到彼此都精疲力盡這般狂野激烈的性愛。

Q4 本以為釣到的獵物是戀人，其實是你自己。從答案可以知道你在異性面前，自己也沒有意識到的行為。

A選項……在異性前，你似乎會下意識地採取「自己是美味的魚唷」這樣的態度，並散發費洛蒙。在周圍異性的眼中，你或許被認為是喜歡性愛的人。

B選項……也許你認為自己應該是對性愛沒有任何感覺的類型。在性愛方面，似乎對有些變態的玩法有興趣。在周圍異性的眼中，你或許被認為是討厭性愛的人。

C選項……一臉認真的你，其實非常喜歡性愛，不知道你是否對這樣的自己有自覺呢？在周圍異性的眼中，你或許被認為是個「悶騷」的人。

【解說】性愛的契合度可從彼此愛吃的食物與吃相看出端倪。也就是說，性愛與進食都會對生理上的感覺有很大的影響。因此，剛交往的情侶能從好幾次的共餐中，下意識地確認彼此是否有共同的食物喜好，或是對對方的吃相感到不自在。

若食物上的喜好怎麼都合不來，或覺得對方的吃相很差、令你感到不快的話，在性愛的契合度上或許也不會很好。

TEST 29

你會對枯萎的花說什麼？

你很重視的一盆花枯萎了。

如果要對那盆花說一句花，你會說什麼？

說完後，你又會怎麼處理那盆花呢？

A

「為什麼枯掉了？」

說完就暫時那樣放著。

B

「對不起，我現在立刻澆水。」

然後無微不至地照顧。

C

「枯掉了……，沒辦法呢。」

丟掉它或換成其它盆栽。

TEST 29

診斷

從對枯萎的花說的話，可以知道你「對於不符合期待的性事會採取的態度」。

你對於枯萎的花說的話，代表你對沒能滿足你的戀人所抱持的想法。對於花所採取的行為，則顯示你無意間所展露的態度。

A 選項 **有點欠缺體諒，但能冷靜應對。**

你似乎是能毫不猶豫、冷靜應對的人。雖然對對方有點欠缺體諒，但也不太會傷害對方。此外，失望這件事似乎並不會對兩人的關係造成立即的影響。

B 選項 **過多的關照與侍奉心理將對方逼入絕境。**

你會盡量不讓對方感到受傷，是能貫徹體諒與侍奉精神的人。看到對方好像很沮喪，你會更想盡力吧。但是你的留意與過多的服侍，反而會讓對方失去自信，心情萎靡不振。

C 選項 在態度上露骨地表現，傷害對方。

你是在對方面前無法隱藏失望，直接表現出情緒的人。就算沒有用言語表達，但也會藉由態度傳達給對方，使對方感到受傷。也許你內心真正的想法是：「想換個更加擅長的對象。」

【解說】本題雖然只有三種選項，但若以自由回答的形式來進行，會有更多的答案吧。朋友聚在一起時，可以試著問問大家：「你會對它說什麼呢？」相信應該會跑出意想不到的真心話，使氣氛更加熱絡。

TEST 30

你偷出來的寶物是？

在世界珍寶展中，
展示著某件珍貴寶物。
得知此事的你變身成怪盜X，
決定偷出寶物。

你鎖定的是哪件寶物呢？

A 兩百克拉的鑽石

B 曾安置在寺院的尊貴佛像

C 知名畫家繪製的油畫

D 從古代遺跡中發掘出的珍貴文物

TEST 30 診斷

從偷出什麼寶物，可以知道你「**從失戀中重新振作的方法**」。

你所選擇的寶物象徵你心中認為最重要的事物。該事物對於你失戀時的態度也有很大的影響。

A 選項 迅速重振，以更好的戀情為目標。

鑽石象徵「價值」。你有「自己是有價值之人」的自豪。就算失戀，轉換心態的速度也很快，認為「是那個人沒眼光」。為了向對方證明，今後會尋找更好的男性（女性），談一場更好的戀愛。

B 選項 不會憎恨對方，會等對方回心轉意。

佛像象徵「內心和平」。你就算分手也不會怨恨對方，會覺得心中某處仍與之相繫的類型。對於對方的回心轉意抱持著淡淡的期待，十年後仍會念著那個人。

C 選項 跌到谷底後，以美化來療癒內心傷痛。

油畫象徵「激烈的情感」。失戀的你會陷入深深地沮喪並感到絕望。你或許會認為被拋棄的自己很可憐，悲嘆到最後甚至會縮進自己的殼中。但這段未果的戀情會漸漸被美化，進而在回憶中成為美麗的存在。

D 選項 一直無法放下，恐怕會變成跟蹤狂？

古文物象徵「對過去的執著」。你似乎憎恨著拋棄自己的對象。同時，你又持續對對方抱持著執著，一直都無法忘懷。會嘗試寫信或傳簡訊給對方，可能會出現跟蹤狂般的行為。

TEST 31

你會讓哪一種動物為你引路？

在森林裡迷路時，
你遇到了一群動物。

若想拜託其中一隻動物當嚮導，
你會選擇哪隻動物呢？

A 小猴子

B 山貓

C 兔子

D 熊

TEST 31 診斷

從你選擇的動物，可以知道你的「**理想婚姻生活**」。

從你選擇哪隻動物，可以看出你期望的理想婚姻生活。

A 選項 **不想被婚姻束縛！想要單身的感覺。**

小猴子是頑皮鬼，行動總受好奇心的驅使。請小猴子帶路的你，就算婚後也不太會被家庭束縛，生活方式依然像單身時一般，會優先選擇旅行或休閒活動。你期望的不只是與結婚對象綁在一起，而是跟異性朋友也能自由交流的婚姻生活。

B 選項 **不互相干涉，重視私領域。**

山貓不會群居，是獨來獨往的動物。就算結婚，你也不會過著為以家庭為中心的團團轉生活，而是重視自己喜愛的工作或興趣。平時與結婚對象不太會互相干涉，但在紀念日或假日時會在很棒的飯店裡度過。你所期望的是有彈性的生活。

C 選項 成為好妻子、好丈夫，期望安定的生活。

兔子是如果不在安全的地方就會瑟瑟發抖，很神經質的動物。拜託兔子帶路的你會以家庭幸福為第一考量，做妻子的會盡妻子的義務，做丈夫的則會善盡丈夫的責任，過著家庭第一的生活。你所追求的是經濟穩定的穩固家庭。

D 選項 追求有居家感，氣氛優閒的家庭。

熊擁有充足的食物與巢穴，是只要領域沒被侵犯就不會變得兇暴的動物。婚後你會想過溫馨又放鬆的居家生活。能在家中穿著休閒服、悠哉度日，那是再好不過了，與結婚對象或周圍的人也都能自然交流。

TEST 32

你想吃哪種冰品？

有4種冰品。
你想吃哪一種？
請與戀人各自選出想吃的。

和戀人一起做做看

A 草莓、香草與巧克力等口味的三色冰。

B 正統派香草霜淇淋。

C 添加萊姆葡萄或巧克力碎片的冰品。

D 橘子或檸檬口味的雪酪。

TEST 32

診斷

從選擇的冰品，可以知道兩人「對於現在戀情的想法」。

從選擇了什麼冰，可以知道你與戀人對於現在的戀愛有什麼樣的想法。

A 選項 有外遇的可能，彼此可能不是對方命中注定的對象？

無法決定一種口味、同時想品嘗好幾種的人，是什麼都想要且心思不專的人。不知道現在正在交往的對象（也就是我們自己）是否就是那個命中注定的人。如果出現更好的人選，就可能移情別戀。

B 選項 若交往就會十分認真，繼續下去很有可能結婚？

你對現在的關係十分認真。認為交往了就要負責，並覺得如果交往順利的話，步入婚姻也不錯。不久後，會想要把對象介紹給朋友或家人。

C 選項 在相愛相戀前，總之想先發生性關係！

選擇味道濃厚的冰品的人，想與對方發生性關係的想法似乎非常強烈。也就是說，這種人或許是被對方性感的部分吸引，且把性愛當作約會的目的。

D 選項 不喜歡總是在一起的親暱氛圍。

選擇口味清爽的柑橘系雪酪的戀人，所抱持的仍是朋友的心情，對於對方的心情也似乎比較淡薄。約會回家時也是直接了當地道別，看起來沒有太多的依戀。或許是並不想要如膠似漆的關係。

【解說】味覺的喜好與性愛契合度也有關係。彼此都喜歡味道濃厚的冰品，代表兩人都喜歡激烈的性愛；而喜歡味道淡的人，則覺得淡泊的關係比較輕鬆。

你洗澡是哪一種模式？

一天結束後的洗澡時間。

請問你平常是怎麼洗澡的呢？

請選擇一個最接近你洗澡模式的選項。

A 大多以淋浴結束。

B 花時間泡溫水澡。

C 用熱水快速沖洗，快速洗完。

D 比起泡澡，會花更多時間在洗頭髮或身體。

TEST 33
診斷

從你怎麼度過洗澡時光，可以知道你「**戀情無法順利的原因**」。

浴室是可以裸體的地方，可從中得知你對於戀情的需求與恐懼等內心深處的戀愛心理，從中診斷出戀情無法順利的原因。

A 選項 戀愛膽小鬼型

在你強烈想要被愛的同時，又無法對所愛之人敞開心房。你是否害怕與對方太過親近就會被支配，或害怕對方知道真正的自己後會幻滅？為了讓愛更深刻，你需要敞開心扉，累積投入對方懷抱的勇氣。

B 選項 戀愛懶鬼型

你強烈希望與戀人在身心靈上合而為一，並相信那就是愛。但你可能會陷入只要有性關係就是相愛的錯覺，因而對交往產生惰性。戀愛總會發生糾葛，不要逃避糾結，互相確認彼此的心情相當重要。

C 選項 戀愛勢利鬼型

你對於愛情有完全獨立的想法，渴望著對人生有利的關係。認為不能只有浪漫的情感，亦會考慮對方的未來發展與經濟能力。但如果僅以這樣的標準來判斷異性，可能會一輩子都不知道什麼才是真正的愛情。

D 選項 戀愛潔癖症型

你是相當有潔癖的人，追求純粹的柏拉圖式戀情。你是否認為性事是骯髒的事並抱持著罪惡感呢？但在你心底其實有「想要依賴對方」的依賴心理，似乎對被拋棄懷有很大的不安感。你應該先相信自己，對戀愛也應抱持著餘裕、好好享受。

TEST 34

在聯誼時什麼讓你感到不滿？

下一頁的圖片是聯誼時的場景。
其中有位女性似乎有些不滿的樣子。
請問她在不滿什麼？

A
這間店好吵，
讓人無法靜下來。

B
聽說會有很多人來，
但最後卻只有這些人？

C
聊得一點都不起勁，好無趣。

TEST 34
診斷

從聯誼中的不滿，可以知道你「**是否容易外遇**」。

就算相同的狀況，注意到或在意的事情也會因人而異。從中便可知道你在婚姻生活中重視的事物，且能診斷出你是否容易外遇。

A 選項 幾乎沒有外遇的可能性。

你如果結婚的話，會以家庭與伴侶為重。對於溫馨的家庭有著強烈的憧憬，是只要一組成家庭就會為了維繫關係而用盡心力的類型。如果是女性，會認為專職主婦的生活很舒適，能從家事、育兒上獲得充實感；男性則會主張愛家主義，放假會傾心陪伴家人，會覺得成為家庭主夫或許也行。這類型的人很少會將目光轉移到伴侶以外的人身上，幾乎沒有外遇的可能。

B 選項 雖然有許多認識異性的機會，但似乎不會發展深刻的關係。

你是婚後會對家庭或是與伴侶生活感到痛苦的人。會希望與仍有交往的夥伴保持不變的關係，是就算有了小孩也會積極參與活動的類型。比起一直待在家、只與家人一起度過，你更喜歡與許多不同的人見面，因此有許多與同性或異性接觸的機會。也因為這樣，你有可能對新的邂逅對象抱持著出軌的想法，但終歸只是想想而已。你不會認真去發展一段婚外情，而是會在還安全的時候便做個了斷。

C 選項 安定容易讓你感到倦怠，外遇的可能性很大。

就算是結婚，也希望能在婚姻生活之外發展其他的興趣或活動。比起跟許多人交流，你根本就不管對方是同性還是異性，只要有興趣，就會想與對方共度親密時光。這類人常有追求刺激、新鮮感的傾向。如果生活安定就會產生倦怠感，喜歡追求刺激，進而出軌。這類人的情感容易高漲，外遇常會弄假成真。

第4章

工作篇

找出隱藏的才能與適合你的工作

TEST 35

你想坐在哪張椅子上？

房間中有五張不同類型的椅子，
你想坐哪張？

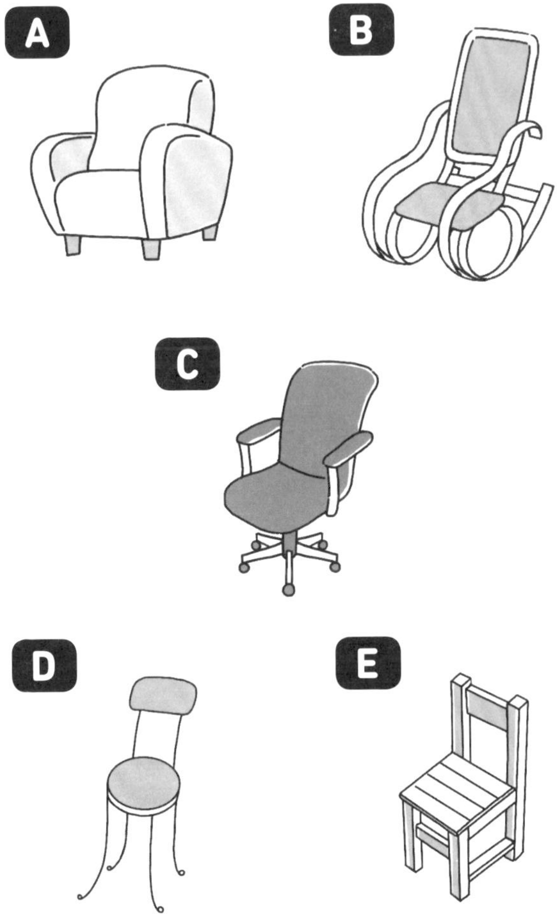
A
B
C
D
E

TEST 35 診斷

從你想坐哪張椅子，可以知道你「對於工作的價值觀」。

你想坐的椅子代表你對工作的價值觀，以及想要在社會上獲得的地位。

A 選項 **獨立性強的類型。**

你想在眾人之上，驅使他人工作。是獨立自主、自我開拓的類型。此外，你也非常重視金錢。

B 選項 **認為工作就只是為了賺取生活費的完全切割型。**

你是那種討厭為了錢或生活而工作的人，不想將時間或金錢花在工作上，只想著興趣、人生體驗的類型。但現實卻是人是必須吃飯的，因此可能會找個人包養，或是將情感完全切割、以漠然的態度工作。

C 選項 想在工作上獲得認可的工作狂型。

在工作上追求成功的人。希望在職涯上獲得認可與稱讚，會不惜一切地努力。執著於地位與頭銜，傾向過著以工作為中心的人生，是容易成為工作狂的類型。

D 選項 工作也是玩樂！想快樂工作的類型。

你是玩樂優於工作的人。「將玩樂延續到工作」是你的理想。不執著於一種工作，對於新事物充滿活力。

E 選項 想以安定工作度過人生的類型。

你是過著踏實日子的人，會活用證照與經驗來鞏固工作，構築著值得信賴的社會地位。雖然可能沒什麼大起大落，但應該會有逐漸開花結果的職業生涯。

TEST 36

從五種硬幣中選出三種

桌上有一百、五十、十、五、一日圓，五種硬幣。

請以直覺選出三枚來玩遊戲。

你所選擇的硬幣，符合A～D中哪種狀況？

A 選擇的硬幣中，有一百與五十日圓。

B 選擇的硬幣中，有五十圓，但沒有一百圓。

C 選擇的硬幣中，有一百圓，但沒有五十圓。

D 選擇的硬幣中，沒有一百圓，也沒有五十圓。

TEST 36

診斷

從你選擇什麼，以及沒選什麼硬幣，可以知道你的「**野心大小**」。

選擇硬幣的目的是「用在遊戲」，而你在無意間選擇的硬幣種類，其實隱藏著你的野心。

A 選項 **「想要成為人生勝利組！」的野心家。**

毫不遲疑選擇大面額硬幣的你，是想成為人生勝利組的人。雖說「樹大招風」，但你相信的是「只要夠優秀就不會被打壓」。會將自己的能力發會到極致，以獲得所追求的地位、名聲與經濟能力。

B 選項 **因害怕伴隨而來的風險而無法往上爬。**

你雖然有成功的慾望，但又害怕成為人生勝利組後的風險，因而會配合周圍的人。認為「槍打出頭鳥」，就算有能力也會裝沒有，但你似乎喜歡站在被人稱為「老師」的位置上。

C 選項 比起名譽或地位，更想成為通曉某行的達人。

你是想在專業領域成為「達人」的類型，會想在擅長的領域中比他人更優秀，但對於競爭則沒有太大的興趣。並不會受到周圍的干擾，能貫徹自己的步調。

D 選項 反正就是失敗組，想盡量避免與人競爭。

僅選擇小面額硬幣的你，常覺得當人生失敗組也無所謂。只想避免與人競爭，就算有機會也不想測試自己的能力。這樣的你實在太沒慾望了，反而有機會因此而受到周圍的人的稱讚。

TEST 37

如果被誤認為打破花瓶，你會說什麼？

在美術館，昂貴的花瓶
就在你面前摔落地面，發出巨響，碎成一地。

大家的目光都投注在你身上，
認為是你打破了花瓶。

慌張的你於是向朋友說了一句話。
請問，你會說什麼呢？

A 怎麼辦，會不會被要求賠償？

B 不關我的事，我可是什麼都沒做。

C 是放在這個位置的錯！

TEST 37
診斷

從說了什麼話，可以知道你「對工作的處理方式」。

自己被當成了壞人……從這種情況下你所說的話，能如實展現你處理工作的方式。

A 選項 **雖然花時間，但不會出錯的完美主義者。**

會將該做的事情做得盡善盡美的類型。一旦開始做，就會想腳踏實地、堅持完美地完成，不管什麼小錯都不放過。比起結果更重視過程，因此會在工作上花費許多時間。

B 選項 **實行前會花很多時間準備，是準備周到型。**

就連決定要做什麼都要花上一點時間。你會花很長的時間在思考與準備上，很難走到實行的步驟。然而一旦開始就能集中、深入地探究事物，並能完成創造性高的工作。

C 選項 「先行動」的得心應手型。

迅速且得心應手地處理該做的事，效率奇高。會先行動，是「先做再想」的類型。比起過程更重視結果，工作上可能會出現毫無章法的狀況。

TEST 38

得知親友受傷入院，你的反應是？

一大早收到了友人傳來的簡訊：

「○○受重傷，住進××醫院了！」。

○○是你的好友，昨天晚上才一起出遊的。

收到簡訊的你，會採取什麼行動呢？

A

「糟了，得告訴大家。」急著聯絡朋友。

B

「難以置信，先打電話到醫院確認吧。」會先確認狀況。

C

「昨天明明還那麼有精神，應該不會有事吧。」先讓自己安心。

TEST 38 診斷

從接到親友住院通知後的反應，可以知道你「應對狀況的方法與消除壓力的方式」。

面對緊急事態的處理方式，會反應出你在職場或在學校遇到狀況時的應對方式，也可以得知你會怎麼排解壓力。

A 選項 陷入大混亂，且心情大受影響的類型。

你是只要在意的事出現一點狀況就會陷入混亂的人。只要一有狀況或煩惱就會抓著人說：「聽我說，聽我說！」非找個人說出來不可。直到把話說完、心情獲得緩和後，才能開始處理問題。跟朋友談話是你消除壓力的最好方式。有壓力時，建議找個能傾聽你訴說的人。

B 選項 冷靜判斷，以合理方式解決問題的類型。

你處變不驚，是個冷靜處理事物的人。當面對問題或煩惱時，會先想：「該怎麼做才能解決這個問題呢？」由於平日總是壓抑情感，建議應定期稍作喘息，以紓解壓力。到充滿綠意的公園散步，安排一段大自然療癒時光是個不錯的方式。

C 選項 採取「總會有辦法」的放置態度，造成周圍困擾的類型。

不管發生什麼事你都覺得「總會有辦法的」，永遠以樂觀的態度來面對，即所謂的正向思考之人。就算實際上真的出了問題，也是想著：「沒關係、沒關係」。將問題擱著只可能演變成讓自己困擾，或造成周圍人麻煩的情況。或許你是就算有壓力也很難自己察覺，容易反應在身體上的類型。建議可以養寵物或與動物交流，在日常生活中規畫出放鬆的時間。

TEST 39

做出選擇，逃離追殺！

正在南國渡假飯店的你，不知什麼原因遭到幫派追殺，使你必須從飯店房間偷偷逃跑……

為了存活下來，你必須從以下各個場景中，選擇A、B其中一個選項。如果是你，會怎麼選？

場景1 從飯店房間逃出時，你會帶上什麼武器？

A 刀

B 手槍

場景2 逃出飯店的你，決定往茂密的森林逃跑。路線有兩條：平坦的遠路，以及岩壁險峻的陡峭捷徑。遠路會比捷徑花多一倍的時間。請問你會選哪一條？

A 平坦的遠路
B 陡峭的捷徑

場景3 在茂密的森林入口，站著一個牽著綿羊與狼的小孩。小孩說：「只要跟我買其中一隻動物，我就不跟幫派說有遇見你。」請問你會買哪一隻？

A 綿羊
B 狼

場景4 在森林中行走時，你遇到了一位老人。老人說：「如果你不和我一起用餐，就無法通過。番薯還是肉，你選一個吧。」請問你會選哪一種？

A 番薯
B 肉

場景5 在與老人用過餐後，開始下雨了。你是要遠遠擺脫追捕者而全身淋到濕透，還是做好被追捕者追上的覺悟等雨變小？請問你的選擇是？

A 等雨變小

B 就算濕透也要先趕路

場景6 在與老人分別後，你遇到幫派團夥中的一人。由於是你先發現對方的，可以立即採取行動。請問你會做什麼？

A 躲進密林的雜草處

B 將敵人打倒

場景7 為了躲避追捕，你來到了深谷。在山谷間，有吊橋與圓木橋，請問你會走哪座橋？

A 吊橋

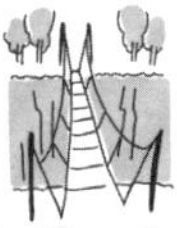

B 圓木橋

場景8 最後你還是被追上了，且肩膀遭到槍擊。好不容易保住性命的你面前突然站著兩個男人，他們說：「我來救你，到我家來吧。」請問你會選擇讓誰來救你呢？

A 修行僧侶

B 醫生

場景9 你的傷口終於痊癒了，還探聽到有個安全的村莊，你決定前往該處。請問你的目標是哪座村莊呢？

A 前往殘雪山村

B 前往面海漁村

在場景一～九中，你選了幾個Ａ？
Ａ合計　　　　**個**

TEST 39 診斷

從你選了幾個A可以知道你「面對逆境的生存能力」。

被逼入絕境時的瞬間判斷，會反映出面對逆境的堅強度與生存能力（為了活下來的生存本能）。

2個A以下

堅強面對逆境的生存型。

你性格頑強且面對逆境有強大的生存意志。能迅速重新振作，具有從谷底爬起的堅強意志。但當你終於脫離逆境，過著平順的日子時，可能會因精力無從發洩，又去招惹讓自己再次陷入逆境的事態。會不斷從逆到順，由順到逆，過著反覆浮沉的人生。

3～6個A 咒罵逆境的得意忘形者。

你是身陷逆境會大聲哀嘆並陷入沮喪的人。會想著：「為什麼只有自己遇到這種事。」怨恨鬼神、咒罵命運，情感上也變得低聲下氣。但當你發現比自己更不幸的人時，則會產生「至少比那個人好」的想法來安慰自己。然而，當狀況改善時，則會馬上得意忘形地想：「人生其實也沒那麼糟嘛。」

7個A以上。 不覺得逆境是逆境的我行我素型。

就算陷入逆境你也不會感覺是逆境，似乎不會想與命運對抗。平時不太會消耗能量，總是緩緩小量支出，所以能比一般人堅持更久。從長遠來看，這樣的人或許反而能趨吉避凶，安全地活到最後一刻。

【解說】場景一～九的選項中，A是「以長遠來看有效的行為」，B則是「在當下產生效果的行為」。因此A選項較少的人，代表受到刺激時會迅速行動，有瞬間的爆發力且好戰，可說是挑戰精神旺盛的短期決勝負型。

TEST 40

未來，你想住哪種房子？

在未來的某一天，
你想住在哪種房子中？
請從A～F中做選擇。

A 遠離村莊的山中小屋

B 有修整過的日式庭園房屋

C 閑靜住宅區裡地段最高級的洋房

D 遊玩、購物都很方便的城鎮公寓

E 鄉下的舊時農家民宅

F 機能性佳的簡約飯店式住宅

TEST 40

診斷

從你想住哪種家，可以知道你的「**金錢概念**」。

你想住的家會表現出你的生活概念，這與金錢觀也有關係。

A 選項 **沒有慾望，簡樸度日型。**

你是對金錢沒有慾望的人。不求多，僅以少量收入自給自足的類型。不會在不必要的事物上支出，有在社交上節省開支的傾向。

B 選項 **埋頭工作，穩定儲蓄的穩健型。**

你是對金錢抱持穩健想法的人。覺得必須以正當手段賺錢，且花在正當用途上。是勤勞工作、踏實儲蓄的類型。

C 選項 **能清楚區分什麼錢該花，什麼不該花的類型。**

你是精打細算並以高效率賺錢的類型。對於有價值的事物會馬上下手，除此以外的消費則錙銖必較，且十分擅長殺價。

D 選項 **揮霍但卻不會為玩樂的錢苦惱的類型。**

你是所謂的揮霍型。有很多想要的東西，且似乎支出總是多於收入。但不知為何，你在玩樂上的錢總是不缺，令人覺得很不可思議。

E 選項 **不在乎金錢，會在收入範圍內做規劃的類型。**

你是對金錢沒什麼想法，覺得可有可無的類型。沒有奢侈的慾望，也討厭拼命工作，是會在收入範圍內充裕過生活的類型。

F 選項 **有多少花多少的總是缺錢型。**

你的金錢觀念很輕率。有錢不會放過夜，有多少就花多少。就算有賺錢也總是處於缺錢的狀態。

TEST 41

如果你是砧板上的魚

你是砧板上的魚。
刨刀即將落下，
就要被做成生魚片了。
無論如何都要保住性命，
如果是你，會說些什麼呢？

A

「我還有家人。」使出渾身解數博取同情的哀求戰術。

B

「如果饒我一命，我就奉上龍宮寶物。」與對方進行交易。

C

「總有一天你會後悔殺了我的。」威脅對方。

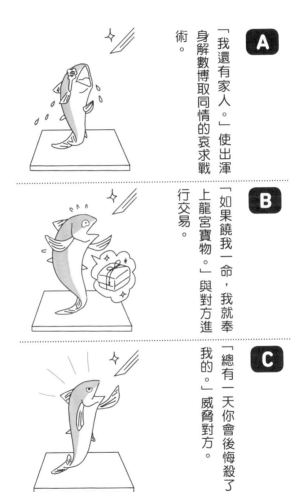

TEST | 42

診斷

從乞求饒命的話，能知道你「出乎意料可能會展現的能力」。

窮途末路時靈機一動，會展現出可謂真面目或潛力的特質。藉此可知你所具備的優秀才能。

A 選項 細心的關照是感動眾人的原動力！

示弱並博取同情的哀求戰術，是訴諸於對方情感的方法。你心中有能體諒他人的纖細感受性。這是乍看之下沒什麼的能力，但卻能傳至人心，創造慰藉。你很有耐心且堅持到底，具有能創造感動眾人的事物的能力。

B 選項 營造成功形象，成為讓他人稱羨的成功者！

「這麼做對你也有好處」，這是激發他人慾望與利己主義的方法，是必須有確切把握才能成功的事。你的內心其實很有自信，充滿「只要做就能成功」的樂觀、正向思考。不管在哪個領域你都想高人一等，並能透過確立成功形象來達成。你擁有成為他人憧憬對象的可能性。

C 選項 認為自己的能力能影響眾人的人！

以暗示復仇的威脅來使對方屈服的方法。這必須是感受到內心的力量、相信該力量，才能做到的事。你具備了挑戰困難的精神，與從逆境重新振作的強大力量。你有可能成為帶動他人，對周圍產生影響力的人物。

TEST 42

你不想聽到朋友說什麼安慰的話？

因為狀況非常糟糕而心情低落的你，
獲得了朋友的安慰。
但那句話非但沒有安慰到你，
且是你最不想聽到的話。

請問是怎麼樣的一句話？

A

「是你的話，可以更努力的，加油。」

B

「好可憐……我很同情你，你很痛苦吧。」

C

「不是只有你，大家都是一樣的。」

D

「人總有失敗，不要氣餒。」

TEST 42

診斷

從選擇的話中，可以知道你「**適合的職場與工作方式**」。

你不想聽到的安慰話語，是否定你認定的自我形象，並使你感到惱火的事物。由此可知你希望如何評價自己，並看出你適合的職場與工作方式。

A 選項 **適合埋頭苦幹會被稱讚的嚴肅職場。**

明明已經很努力，卻被說：「要更加油」，無所適從的你會因此感到氣餒吧。這樣的你適合有公正評價，認同苦幹努力的職場。例如政府機關、銀行或學校等形象清明的嚴肅環境。

B 選項 適合能自己判斷的自由業。

你總是展現頑強的一面，不想向人示弱。如果被說：「我同情你」，則會產生被揶揄的情緒。這樣的你適合能依自己判斷工作的職場，或立場為自由業的獨立工作。做多少就有多少報酬的工作，最能激發你的幹勁。

C 選項 適合個性能被認可的創造性職場。

你希望自己的個性與獨特性能獲得認同。如果被說：「大家都是一樣的」，便會產生「我一點都沒有被理解」的想法。這樣的你適合尊重個性與獨特性，且重視自由、創意的公司。也許你適合出版、廣告等創造性的產業，或是設計、裝飾品等與美麗事物有關的工作。

D 選項 適合達成目標後能獲得相應讚賞的業務型職場。

你期望自己的成果能獲得認可，並獲得讚賞。不想承認失敗，且安慰會讓你覺得自尊受到傷害。這樣的你最容易在達成具體目標或業績後，就能獲得相應的讚賞的工作環境中充滿幹勁。你適合從事業務、販售，特別是保險或需要打形象戰的美容業。

第5章

未來篇

你的人生能順遂嗎？

TEST 43

你有一顆特別的蛋，是什麼樣的蛋？

請想像一顆蛋。
這是一顆只屬於你、且相當特別的蛋。
請回答以下Q1～3關於這顆蛋的問題。

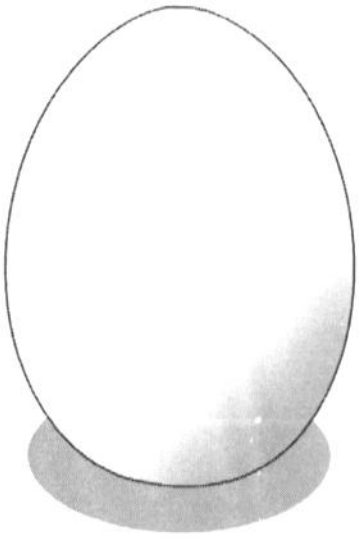

Q1 這顆蛋有多大？請以直覺來回答。

A 非常大
B 很大

C 沒有很大

D 很小

Q2 這顆蛋出現了裂痕，好像有什麼要誕生了。你覺得它需要花多久的時間才能誕生？請使用刻度回答。

↑馬上就會出生

花了很久的時間↓

Q3 從這顆蛋中會生出什麼？此外，在等待誕生時你是什麼樣的心情呢？請想像該場面，從映入腦海的事物自由回答。

TEST 43
診斷

這個問題可以知道你「是否能成為理想中的自己」。

這個問題檢測的是你的自我實踐需求有多強烈。自我實踐需求是指發揮潛藏於內在的可能性（潛力）、成為理想自我的高層次需求。

Q1 蛋的大小，代表你認為自己的潛能有多大。

A選項……相信自己有很大的潛力，而且是強烈地想將潛力發揮到極致的人。

B選項……沒有像A那麼有自信，但還是相信自己的可能性，是自我實踐需求也頗強的人。

C選項……沒有抱持太大期待，自我實踐的需求也不強。

D選項……似乎低估了自己所擁有的潛力。

Q2 從蛋裡生出什麼的時間，代表你成為理想自我所需的時間。

時間回答得越長，代表現在的自己與理想中的自己差距越大，且覺得自己很難成為心目中的自己。

Q3 從蛋裡誕生的東西，代表你所能創造出的東西。

關於這題的答案，從「至今從未見過，全新的東西。」、「很棒的東西。」等充滿期待感的事物，到「感覺詭異的東西」、「無聊的東西」等負面事物，答案應該相當五花八門。就算是負面的答案，賦予正面解釋、將其幻化為具創造性的能量也很重要。例如：「詭異」或許可以說是有與一般人不同的感性；「無聊的東西」則可看成是搞笑或娛樂的資質。

TEST 44

收到了三封派對邀請函，你會出席哪一場？

你收到了三封派對邀請函。

三個派對都將在同一天舉行，
你只能出席其中一場。

請閱讀A～C的邀請函，
選出你想出席的派對。

A

熟悉的成員、常去的餐廳，品嚐美味如昔的料理、飲品，一同度過悠閒時光。

B

邀請不同領域的人才出席，建構廣闊人脈，對你接下來的活動或工作很有幫助。

C

不僅是社交，還能針對感興趣的主題深入對談，想必是能帶來良好刺激又充實的時光。

TEST 44
診斷

從你選擇的派對類型，可以知道你「**適合的興趣&才藝**」。

從選擇的內文可以知道你在哪方面的欲望較為強烈，以及你所關心的事物。能藉此了解現在的你適合什麼樣的才藝，可以獲得一些新看法。

A 選項 對居家構築具有實用性的事物

你是強烈想保有自我的人。一旦獲得生活所需的食物或金錢後，就會將重心集中在構築舒適的環境上。也就是擁有很強的居家構築本能，在屬於自己的地方度過放鬆時光會使你感到舒適。

〈推薦的興趣&才藝〉陶藝、料理、DIY、釣魚等，與居家構築相關的事物。

B 選項 大家一起行動的志工或運動

你是有強烈社交需求的人，將重心聚焦於如何與他人構築良好關係。比起待在家裡，更常外出活動。

〈推薦的興趣&才藝〉各種可以展開對話的交流活動、志工活動或運動。

C 選項 能徹底投入的創作活動

你是性需求很強的人。性需求強的人，不管對方是同性還是異性，都有強烈的交流欲望，且有尋求強烈刺激的傾向。一旦陷入某件事，就會發揮強大的集中力與能量。

〈推薦的興趣&才藝〉電影、讀書、創作活動，或探求知識的讀書會。

【解說】A、B、C是三種無論誰都有的欲望。在這之中，依欲望的不同，投注的事物也不盡相同。

TEST 45

氣球飄向高空，將會飄往何處？

不小心鬆手，氣球漂向高空。

接下來會發生什麼事呢？

A

被烏鴉戳破

B

飛到附近的城鎮

C

往高空飛去不見蹤影

D

飛過大海到遠方的城鎮

TEST 45 診斷

從氣球的去向得知你「夢想實現的可能性」。

氣球象徵你的夢想與希望。根據氣球的去向，可以知道你的夢想與希望是否能夠實現。

A 選項 **「夢想就只是夢想」一開始就不期待型。**

你是似乎是下意識地覺得自己的夢想與希望是不會實現的人。所以一開始便沒有很大的夢想或希望，且抱持著放棄的心情。

B 選項 **描繪有可能實現的夢想，並使夢想成真的類型。**

你所描繪的夢想與希望還算現實，只要努力就有可能實現。只要你有心，就能實現自己的夢想與希望。

C 選項 做著大夢，卻不努力的類型。

你似乎是在妄想中膨脹自己的夢想。現實生活中，那樣的夢想與希望，你懶的努力去實現。如果是這樣的話，夢想終究只會是夢想，希望也僅只是希望，什麼都沒實現便已經結束了。

D 選項 有遠大的夢想與希望，並努力實現的類型。

你擁有遠大的夢想與希望，也想著總有一天一定要實現。就算耗費時間，你也一定能實現自己的夢想與希望。

TEST 46

「工作做不完」的下一句話是？

夜晚的辦公室裡，有個人獨自對著電腦正在工作。他不經意地嘀咕著說道：「工作一直沒能做完……」

請問，下句話會是哪一句呢？

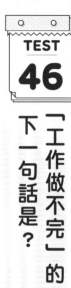

A 但今天就先到這裡吧，回家睡覺。

B 好，熬個夜把工作全完成吧。

C 要不，玩個遊戲轉換一下心情。

TEST 46

診斷

面對做不完工作的想法，可以知道你「**人生的巔峰時期**」。

你所選擇的台詞代表你處理工作的方式，由此可知你會在何時迎來人生的巔峰。

A 選項 **大器晚成型。**

或許年輕時你的努力沒什麼回報，且一直過著沒沒無聞、居於下位的人生。但在中年或許會有大轉機，有機會獲得意想不到的成功。在更上年紀後，則有可能迎來人生高峰，且巔峰程度簡直讓人不經感嘆：「要是在年輕時登上高峰就好了」因此，請保留至少在十幾年後也能自由活動的體力和精力。

B 選項 巔峰是學生時期。

你的巔峰時期是國高中小學到大專院校的學生時代。也就是直到入社會前是高峰，而後踏實努力，過著平穩的生活。比起輝煌的成功，你應該是以日積月累的努力才得以開花結果的。不僅工作，建議你也可以在興趣或特殊技能等自己喜歡的事物上多加努力，以達到能夠教人的程度為目標。在年老時以「老師」之姿備受景仰，應能讓你獲得踏實且巨大的充足感。

C 選項 巔峰是二十～三十歲之間。

你的巔峰是在二十～三十歲左右。不管工作還是任何事情都隨心所欲，這讓你覺得自己根本是天才。然而，隨著年齡的增長，可能會開始走下坡。為了不讓這樣的事情發生，建議應重視能與你分享人生甘苦的朋友或家人的關係。不光是自己，若也能考慮到身邊的人，一定還能東山再起。

TEST 47

造訪的餐廳本日公休！你認為是誰的錯？

想前往一間深獲好評的餐廳。
朋友說：「今天一定有開」，
你便出門了。
但一到店門前，
卻發現門口掛著「今日公休」的牌子……

此時，你的想法是？

A

「要是先確認營業時間就好了。」責怪自己。

B

「你怎麼亂說。」責怪朋友。

C

「沒辦法，運氣不好。」直接放棄。

TEST 47

診斷

由本題可以知道，你「**人生不如意的原因**」。

從事情不如意時會責怪什麼，可以知道你對事物的處置方式，由此可以看出你的作法有什麼問題。

A 選項 **太想讓事情如願而過分緊繃，導致無法順利。**

你是希望透過自己的力量獲得人生勝利而努力的人。相信「只要做就會成功！」並努力達成。然而，這樣的你之所以會覺得不順遂，或許是因為你太過努力的關係。試著放下肩上的重擔，順其自然吧。就當只是試圖拉開一扇門，卻發現它一推就開了，放輕鬆點。

B 選項 **在狀態好的時候驕矜自滿，導致無法順利。**

你是將得失擺第一，處事有效率的人。很會看臉色且很機靈，因此能做出超出實力以上的成果。然而這樣的你會覺得不順遂，反而是事物進行得很順利的時候。狀況好時，你會驕矜自滿，引起眾人的反感。或是看輕踏實努力與細心作業的重要性。讓事情順利的祕訣在於更注意細節，且不要忘記保持謙虛的態度。

C 選項 **努力不夠加上太早放棄，導致無法順利。**

你是不努力又期待好結果，且又太早放棄的人。雖然想著：「只要做就會成功」，卻又遲遲不行動，只會怨嘆「要是有做就好了」。你是否會拖延該做的事，並在幻想中自我滿足？不要自我設限，或許會失敗，但也應該勇於嘗試。不管結果如何，接受這個結果便能開啟人生坦途。

TEST 48

回家路上突然下起雨，你會怎麼辦？

下電車後你發現
外面下起滂沱大雨，
而你沒有帶傘。

從車站到家徒步要10分鐘左右，
請問你會怎麼做？

A 跑回家。

B 買傘，撐傘回家。

C 聯絡家裡，等人來接。

D 躲雨。

TEST 48
診斷

從如何面對突如其來的雨，可以知道你「**十年後的樣貌**」

從如何應對如驟雨般意想不到的大事，可看出你的面對方式與處理方式。讓十年後的姿態浮上檯面。

A 選項 **可能是與現在完全不同，波瀾萬丈的人生。**

你是匆忙過人生的人。希望事事稱心如意，卻有用蠻力硬幹的一面。因此，有可能會因周圍環境的緣故而難以順遂，或是面臨與自己想像有所不同的現實，而過著波瀾萬丈的人生。十年後，或許會在國外生活，或者會以和現在完全不同的方式過生活。

B 選項 為達成自己設定的目標邁進中。

你是聰明過生活的人。會設定目標，並以高效率完成目標。看似能幹，但在完成一個目標後就會趕往下個目標，有著因為總是在追趕而顯得急性子的一面。十年後的你也會抱持崇高的理想，勤於建構人脈、提升能力，為了構築理想家庭而拚死拚活地努力吧。

C 選項 回首過往，過著後悔的每一天。

你是想回應周圍的人的期待的人。會在意周遭的人，有著無法決定自己人生的一面。這樣的你十年後或許會有很多懊悔，想著：「要是那時候那樣做就好了。」雖然這麼說，但你也會覺得：「這樣就好。」並過著平凡、安逸的日子。

D 選項 與現在沒什麼不同，過著有自我步調的人生？

你是按自己步調走的人。雖不受周圍的影響、態度看似悠然，但也有堅持的一面。十年後也許你表面上會過著與現在沒什麼不同的生活，但那或許剛好也是你所期望的生活方式。

TEST 49

在畫面中加點什麼，完成風景畫。

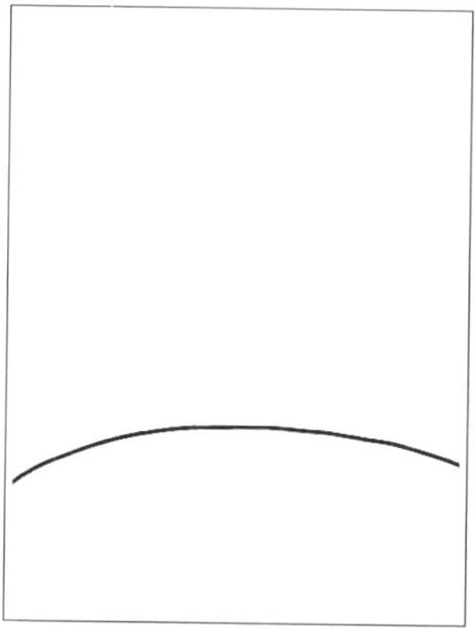

在純白的畫布上，畫有天空與大地。
只有這樣的話好像少了點趣味，你決定加點什麼。
請問，你會添上什麼呢？

A 彩虹與飛行傘

B 月亮與騎駱駝的人

C 房屋與樹木

D 大樓與汽車

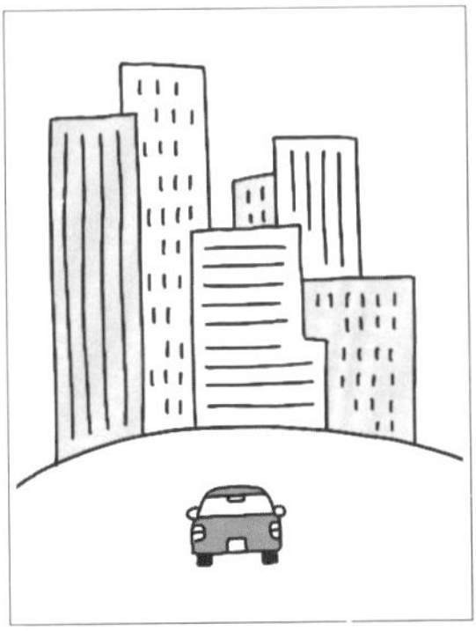

TEST 49
診斷

從添上什麼，可以知道你「想過什麼樣的人生」。

對人而言總有下意間吸引你的風景，其中藏著你的憧憬。你喜歡的風景可說投影著你夢想中的理想人生。

A 選項 追求喜歡與快樂事物的享樂型。

你是座右銘「不快樂就不是人生！」的自由人。想到處旅行、去很多地方、體驗各種事物、跟各種人交朋友，並覺得若一生都能做自己喜歡的事，遊山玩水的過日子該有多好。

B 選項 想感受人生閑寂幽雅的追求雅趣型。

你覺得「人生無限美好」，是追求雅趣之人。雖然感受到「活著」這件事的悲哀與虛無，但在平凡的生活中你也會尋求感動，期望過著被美好與洗鍊的事物包圍的生活。

C 選項 想置身於自然環境中的環保主義者型。

你認為「應好好珍惜與大自然的關係」，是個環保主義者。以自然為志向，強烈想遠離都市喧囂，在豐富的大自然中生活的人。憧憬自給自足的生活，理想是被花鳥動物包圍的生活。

D 選項 以洗鍊名流的生活為目標的都會派型。

你渴望「舒適便利、高品質的生活」，是身分地位派。你渴望機能性與效率的生活，憧憬能一次完成工作、社交與繁忙興趣的現代生活型態。

TEST 50

你會怎麼接受天使的預告？

遭遇落石事故的你，九死一生地撿回一條命。

此時，出現了天使並向你預告。

「這次我就救你一命，但不管如何，

你只剩下一星期的壽命，一星期後我將來迎接你。」

在預告後，天使消失時，

請問你會說什麼？

A
「光是救了我就很感謝了，我很感激。」

B
「什麼啊，不管怎樣都得死，真是絕望。」

C
「為什麼是一星期？還剩下一星期的根據在哪？」

D
「那麼，剩下的一星期就盡力的活吧。」

TEST 50
診斷

從接受天使預告的方式，可以知道你「**人生追求的事物**」。

誰都有追求的事物，若能獲得則會產生充實感。怎麼接受天使的預告，則代表該事物。

A 選項 **追求愛，喜歡親密的人際關係。**

你人生追求的正是「愛」。只要有愛，就算沒有其它事物你也可以活下去。不光是戀人或結婚對象，與家人、朋友或其他親近之人構築一對一的親密關係，對你來說是最能帶給你滿足的事。

B 選項 **追求真相，憎恨謊言與偽善。**

你人生追求的正是「真相」。就算感到不快、厭惡或悲慘，只要那是真的，你就能接受。你最討厭謊言與偽善。你的立場是——只要知道真相就好。

C 選項 追求孤獨，重視個人時間。

你人生追求的正是「孤獨」。人一生中有多少時間是能不被他人煩擾，獨自安靜度過的呢？只要有充足的自我時間與空間，你對人生便感到滿足了。正因如此，你所追求的是孤獨。

D 選項 追求正義，並做正確的事是你的方針！

你人生追求的是「正義」。沒有什麼比邪惡蔓延、壞事橫行更令你無法接受。你會以做正確的事、遵守正確的事為自己的處事方針。對你來說守望正義獲勝，是最棒的人生體驗。

超深層心理測驗

出　　版／楓書坊文化出版社
地　　址／新北市板橋區信義路163巷3號10樓
郵政劃撥／19907596 楓書坊文化出版社
網　　址／www.maplebook.com.tw
電　　話／02-2957-6096
傳　　真／02-2957-6435
作　　者／中嶋真澄
翻　　譯／洪薇
內文排版／洪浩剛
港澳經銷／泛華發行代理有限公司
定　　價／300元
初版日期／2020年4月

國家圖書館出版品預行編目資料

超深層心理測驗 / 中嶋真澄作 ; 洪薇譯.
-- 初版. -- 新北市 : 楓書坊文化,
2020.04 　面 ; 　公分

ISBN 978-986-377-576-8 (平裝)

1. 心理測驗

179.1 　109001316